Fleisch, Geflügel und Wild

Willkommen zu Hause

Die besten Rezepte

Fleisch, Geflügel und Wild

Bassermann

Inhalt

Schnitzel, Kotelett und Steak

Schwein

Kalb und Rind

Lamm

Geflügel und Wild

Geschnetzeltes, Ragout und Gulasch

Schwein

Inhalt

Wild

Die Abkürzungen in diesem Buch

kcal	Kilokalorien
kg	Kilogramm (1 kg = 1000 g)
g	Gramm (1 g = 0,001 kg)
Msp.	Messerspitze (Menge auf der Spitze eines Besteckmessers)
EL	gestrichener Esslöffel
TL	gestrichener Teelöffel
°C	Grad Celsius
l	Liter (1 l = 100 cl = 1000 ml)
dl	Deziliter (1 dl = 0,1 l, »dezi« = lateinisch decimus = zehnter)
cl	Zentiliter (1 cl = 0,01 l, »zenti« = lateinisch centesimus = hundertster)
ml	Milliliter (1 ml = 0,001 l, »milli« = lateinisch millesimus = tausendster)
cm	Zentimeter (1 cm = 0,01 m)
m	Meter (1 m = 100 cm)
ca.	zirka
à	zu je
z. B.	zum Beispiel
TK-	Tiefkühl-
Fett i. Tr.	Fett in Trockenmasse (Angabe des Fettgehalts bei Käse und Quark. Da bei Reife und Lagerung ständig Wasser verdunstet, ist eine absolute Prozentangabe des Fettgehaltes nicht möglich. Der absolute Fettgehalt bei einem Quark mit 20 % Fett i. Tr. beträgt ungefähr 6 %)

Zu den Energie- und Nährwertangaben

Zu jedem Rezept finden Sie die Angaben über die Personenzahl, die Zubereitungszeit, die sich zusammensetzt aus der Arbeitszeit und der Koch- und Backzeit, sowie die Energie- und Nährwerte pro Portion. Da Lebensmittel Naturprodukte sind, können diese Werte nur eine Annäherung sein, denn die Inhaltsstoffe variieren.

Die Richtwerte für die tägliche Energieaufnahme

- Kinder (je nach Alter) zwischen 1000 und 2000 kcal
- Jugendliche circa 2500 kcal (Mädchen) bzw. 3000 kcal (Jungen)
- Erwachsene mit geringer körperlicher Aktivität 2000 kcal bei Frauen bzw. 2500 kcal bei Männern
- Mit steigendem Alter sinkt der Energiebedarf.

Die Richtwerte für die tägliche Nährwertaufnahme

Eiweiß

- Kinder und Jugendliche: 0,9 g Eiweiß (Protein) pro Kilogramm Körpergewicht, das entspricht ca. 13–60 g Protein
- Erwachsene: 0,8 g Protein pro Kilogramm Körpergewicht, das entspricht bei Frauen ca. 48 g, bei Männern ca. 59 g Protein

Fett

Die Richtwerte für die Fettzufuhr werden in Abhängigkeit der gesamten Energiezufuhr angegeben (Energieprozent).

- Kinder und Jugendliche haben wegen ihres Wachstums einen gesteigerten Energiebedarf, ihr Richtwert ist daher gegenüber den Erwachsenen etwas höher, er liegt (je nach Alter) zwischen 35 und 40 Energieprozent.
- Für Erwachsene beträgt der Richtwert 30 % der Energie. Umgerechnet bedeutet dies für Frauen eine tägliche Aufnahme von ca. 60 g Fett (bei einem zugrunde gelegten Energiebedarf von 2000 kcal), für Männer ca. 80 g Fett (bei 2500 kcal).

Kohlenhydrate

Auch die Richtwerte zur Kohlenhydratzufuhr werden als Energieprozent (% der gesamten Energiezufuhr) angegeben. Sie ergeben sich aus dem täglichen Proteinbedarf und den Richtwerten zur Fettzufuhr.

- Kinder sollten höchstens die Hälfte der Energie in Form von Kohlenhydraten aufnehmen.
- Für Erwachsene ergibt sich der Richtwert für Kohlenhydrate mit über 50 Energieprozent. Für Frauen mit einem Energiebedarf von 2000 kcal bedeutet dies eine Aufnahme von mehr als 240 g Kohlenhydrate pro Tag. Männer mit einem Energiebedarf von 2500 kcal sollten mindestens 300 g Kohlenhydrate aufnehmen.

Schweinefleisch

Schweinefleisch steht im Verbrauch von allen Fleischsorten an erster Stelle. Sicherlich ist dies darauf zurückzuführen, dass das Schweinefleisch zu den preiswerten Fleischsorten zählt, einen kräftigen, saftigen Geschmack hat und auch zu einem großen Teil zu Wurst verarbeitet wird.

Qualitätsmerkmale

Schweinefleisch von guter Qualität ist von feinen Fettäderchen durchzogen, dadurch bleibt es beim Garen zart und saftig. Ein dünner Fettrand schützt das Fleisch vor Saftaustritt und Aromaverlust. Die Schnittflächen sollten feuchtglänzend sein. Im Gegensatz zu Rindfleisch muss Schweinefleisch nicht abhängen. Im Gegenteil: Es ist bereits nach zwei Tagen genussfähig und sollte so schnell wie möglich verbraucht werden.

Teilstücke

Die einzelnen Teilstücke vom Schwein lassen sich sehr abwechslungsreich zubereiten.

1 Schinken mit Hüfte (Schinkenspeck, a), Oberschale (Kluft, b), Nuss (Maus, c) und Unterschale (Schinkenstück, d) Der Schinken ist der kompakteste und fleischreichste Teil des Schweins. Das Fleisch ist von einer dünnen Fettschicht bedeckt, die ihm den Geschmack verleiht, ob es nun frisch verarbeitet, gepökelt, geräuchert, gebraten oder gekocht wird. Aus Schinken, Keule oder Schlegel werden die verschiedensten rohen und gekochten Schinkenspezialitäten hergestellt. Dabei gibt es je nach Landschaft und Gegend viele unterschiedliche Pökel- und Räuchermethoden, die ihn zu einem typischen Produkt machen. Wird Schinken im Ganzen zubereitet, sollte man die Schwarte gitterförmig einschneiden, damit das darunterliegende Fett beim Braten austreten kann.
Das zarteste Stück Fleisch aus dem Schinken, die Hüfte, steht mit seiner Qualität dem Filet kaum nach. Das Fleisch eignet sich zum Kurzbraten, als Schnitzel oder Steak, kann aber auch genauso gut im Ganzen als Braten zubereitet werden.
Aus der Oberschale werden meistens Schweineschnitzel (immer quer zur Faser) geschnitten. Man kann das zarte Fleisch der Oberschale aber auch im Ganzen als Braten zubereiten. Aus diesem Teilstück wird auch gekochter oder geräucherter Rollschinken hergestellt.
Aus der Nuss wird Nussschinken hergestellt. Obwohl dieser Teil von einer Sehne durchzogen ist, ist das Fleisch der Nuss sehr zart und gut zum Kurzbraten geeignet. Die Nuss eignet sich auch gut zum Braten am Stück und zum Kochen. Das Teilstück der Nuss gibt es gepökelt oder ungepökelt.
Aus der Unterschale lassen sich Rouladen oder Schnitzel schneiden. Sie wird aber meistens als Bratenstück oder Rollbraten mit oder ohne Schwarte angeboten. Gekochter oder Räucherschinken wird aus diesem Teil hergestellt.

2 Eisbein (Schinkenbein, Haxen) Man unterscheidet Vorder- und Hintereisbein. Frisch oder gepökelt kann es gekocht und gebraten werden. Eisbein wird in jeder Gegend anders zubereitet. Nördlich der Mainlinie wird es gepökelt und gekocht, südlich davon gebraten und als Schweinshaxe mit Sauerkraut serviert.

3 Spitzbein (Schweinsfüße, -pfoten) Spitzbein wird frisch oder gepökelt angeboten. Es kann gekocht, gebraten und gegrillt oder auch gefüllt zubereitet werden. Spitzbein kann auch zur Verbesserung von Eintöpfen, Saucen und Brühen verwendet werden. In Frankreich wird es mit Trüffeln kombiniert.

4, 5, 6 Kotelettstrang (Karree) Der Schweinerücken besteht aus drei Teilen: dem Sattelstück, das ist das Teil mit den kurzen Rippen, mit Filets und Nieren, dem Kotelettstück und dem Nacken. Sattel- und Kotelettstück werden auch als Karree bezeichnet.

4 Sattel und Filet (Schweinelende, a) Aus dem Sattel werden mit dem angewachsenen Filet die so genannten Lummerkoteletts geschnitten und der milde Lachsschinken hergestellt. Sattel wird frisch, gepökelt und geräuchert angeboten. Er kann gekocht, gebraten, gegrillt, glasiert und in Teig gebacken werden. Das Filet ist wie bei den anderen Fleischarten auch beim Schwein das zarteste, saftigste und auch magerste Fleisch. Schweinelendchen werden im Ganzen gebraten oder in knuspriger Hülle (z. B. Blätterteig) gebacken. Sie können auch in Gemüse oder in ein Schweinenetz gehüllt zubereitet werden.

5 Kotelettstück Aus diesem werden die Stielkoteletts geschnitten. Im Ganzen gepökelt wird es, roh oder gekocht, als Pökelrippchen angeboten. Gepökelt und geräuchert zusammen mit dem Sattelstück wird es roh als Kasseler Rippenspeer angeboten.

6 Nacken (Hals, Kamm) Aus dem gut durchwachsenen, saftigen, mit Fettadern und Bindegewebe durchzogenen Fleisch des Nackens lassen sich Schmorgerichte, Braten, Gulasch, Ragout und Geschnetzeltes zubereiten. Nackenfleisch kann auch am Stück gekocht oder portioniert gegrillt und gebraten werden.

7a, 7b Schulter (Schaufel, Blatt, Bug) Das Fleisch der Schulter wird »wie gewachsen« mit Knochen und Schwarte angeboten. Es werden daraus Vorderschinken, Ragout, Gulasch, Blankett, Schweinepfeffer und Frikassee zubereitet. Die mageren Fleischteile werden für Hackfleisch verwendet.

8 Dicke Rippe (Brust, Brustspitze) Dieses Teilstück wird in den Geschäften frisch oder gepökelt angeboten und kann gebraten oder gekocht werden. Gefüllte Schweinsbrust, Rippchen, Gulasch und verschiedene Eintöpfe werden aus Dicker Rippe zubereitet.

9 Schweinebauch Mit und ohne Knochen wird er frisch oder gepökelt angeboten. Er kann gefüllt, gebraten oder gekocht, warm aber auch kalt in Gelee eingelegt serviert werden. Aus Schweinebauch wird geräucherter Bauchspeck (auch unter dem Namen Dörrfleisch oder magerer Speck bekannt) hergestellt.

10 Rückenspeck Der Rückenspeck leistet zum Bardieren, Spicken und für Pasteten gute Dienste. Frischer Rückenspeck wird auch gesalzen oder ungesalzen und geräuchert in den Geschäften angeboten. Rückenspeck lässt sich in verschiedenen Gerichten sehr vielseitig verwenden.

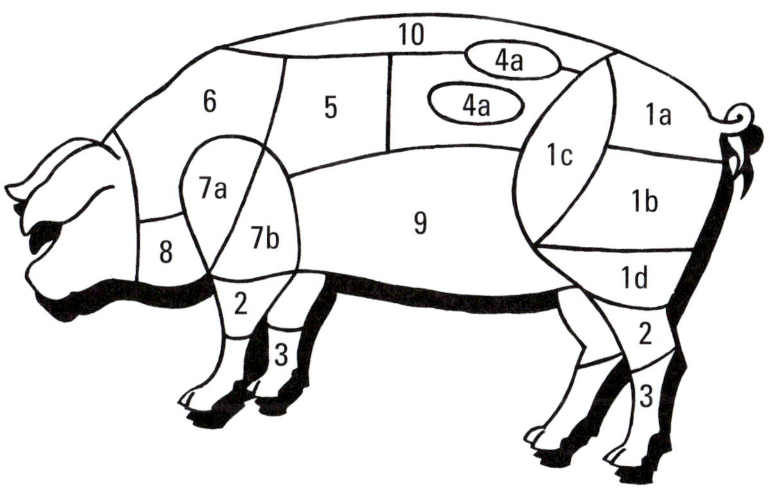

Rindfleisch

Rindfleisch ist das Fleisch von Ochsen, Färsen, Kühen, Jungbullen und Bullen. Seine Qualität hängt vom Alter, der Fütterung, Haltung und vom Geschlecht der Tiere ab. Auch das Abhängen, der Reifeprozess des Fleisches und der Stress, den die Tiere vor dem Schlachten empfunden haben, beeinflussen die Fleischqualität. Vor allem die bindegewebsarmen Fleischteile wie Roastbeef und Filet, die überwiegend zum Kurzbraten und Grillen verwendet werden, sollten gut abgehangen sein.

Während des Abhängens wird im Muskelfleisch Milchsäure gebildet, die nicht nur das Bindegewebe auflockert, sondern auch Aroma- und Geschmacksstoffe entwickelt. Rindfleisch wird dadurch mürber, leichter verdaulich und erhält seinen typischen Rindfleischgeschmack. Auch für die anderen Teile des Rindes ist das Abhängen des Fleisches natürlich von Vorteil.

Qualitätsmerkmale

Allgemein sollte Rindfleisch eine sattrote Farbe, einen angenehmen Geruch nach frischem Fleisch und eine feinfaserige, marmorierte Struktur haben. Beim Anfassen und Einscheiden soll es eine gewisse Festigkeit und glänzende Schnittstellen zeigen, dem Fingerdruck nachgeben, die Eindrücke wieder ausgleichen. Angeboten wird hauptsächlich das Fleisch junger Rinder, und zwar das Fleisch von Rindern, die nicht älter als zwei Jahre sind. Das Fleisch älterer Tiere wird vorwiegend für die Wurstproduktion verwendet.

Teilstücke

Von allen Rindfleischteilchen sind das Roastbeef und Filet die begehrtesten. Doch auch die anderen Teile sind wertvoll und bedürfen der richtigen Zubereitung. So sollte bindegewebsarmes Fleisch generell nicht zum Kochen oder Schmoren verwendet werden. Ein bindegewebsreiches Fleisch eignet sich hingegen nicht zum Braten oder Kurzbraten. Diese Fleischstücke sollten besser gekocht oder geschmort werden. Bindegewebe benötigt nämlich während des Garens Feuchtigkeit, dadurch wird es zart, damit auch genussfähig und köstlich.

1 Blume (Hüfte, kleine Nuss) Dieses Fleischstück ist zart, saftig und bindegewebsarm. Es ergibt Rumpsteaks oder Fleisch zum Braten oder Schmoren.

2 Kugel (Maus, Nuss, Kopfstück) Dieses fettlose, bindegewebsarme Fleischstück eignet sich zum Schmoren für Rouladen, aber auch für Tatar.

3 Bürgermeister- oder Pastorenstück Dieses Stück liegt oberhalb der Kugel und eignet sich zum Einlegen für Schmor- und Sauerbraten, für Gulasch und Ragouts.

4 Schwanzstück mit Schwanzrolle (a) und Tafelspitz (b) Das Schwanzstück besteht aus dem Tafelspitz, den Frikandeaukopf, dem kompakten Mittelstück und der Schwanzrolle. Aus der Schwanzrolle junger Masttiere werden Steaks geschnitten, die sich zum Braten, Einlegen in Marinaden oder Grillen eignen. Aus dem zarten Fleisch des Tafelspitz kann man Steaks schneiden. Es eignet sich aber auch als Koch- oder Schmorfleisch. Meist wird es in der Brühe zubereitet.

5 Oberschale Die Oberschale ist verhältnismäßig zart, kaum von Fettadern durchzogen und liefert ausgezeichnetes Tatar, aber auch Braten und Rouladen.

6 Hinterhesse (Ochsenbein, Wadschenkel) Das Fleisch der Keule ergibt gutes Suppenfleisch sowie auch die entsprechende Brühe.

7 Ochsenschwanz Sein Fleisch ist kernig und gelatinös. Die dicken Ochsenschwanzstücke werden für Ragout, die dünnen Schwanzstücke für Suppe verwendet.

8 Flaches Roastbeef, Filet (a) und Hochrippe (b) Flaches Roastbeef ist ein Teil des Roastbeefs und eignet sich für Rump- und Minutensteaks sowie Porterhouse- oder T-Bone-Steaks (4 – 6 cm dick, 600 – 1000 g). Rinderfilet kann im Ganzen gebraten oder portioniert zubereitet werden. Aus dem Kopf werden Steaks, aus dem Mittelstück Chateaubriand geschnitten. Aus der Hochrippe stammen Koteletts, das Zwischenrippenstück, das Entrecôte double und Rostbraten.

9 Hohe Rippe Das Fleisch der Hohen Rippe eignet sich hervorragend zum Kochen. Aber es kann auch zum Grillen oder Braten verwendet werden.

10 Fehlrippe (Dicke Rippe, Zungenstück, Schorrippe) Saftiges Fleisch, das zum Kurzbraten, für Gulasch oder Ragout verwendet werden kann.

11 Nacken (Hals) Dieses Fleischstück eignet sich zum Schmoren für Gulasch, Ragout und zum Braten. Für Gemüse- oder andere Eintöpfe liefert der Nacken gutes Fleisch.

12 Dickes Bugstück, Schaufel- oder Bugschaufel (a) und falsches Filet (Schulterspitz, b) Ein gutes Stück Fleisch, das sich zum Einlegen für Sauer- und Schmorbraten, für Rouladen und Kochen anbietet. Das Schaufelstück eignet sich für Sauer- und Schmorbraten und zum Kochen. Fettschicht immer vor der Zubereitung entfernen. Das falsche Filet hat eine filetähnliche Form, ist allerdings grobfasriger als das echte. Es eignet sich für Eintöpfe, Spickbraten und Ragout.

13 Vorderhesse Dieses Fleisch ist ausgezeichnetes Suppenfleisch. Meist wird die Vorderhesse, in Scheiben gesägt, mit Markknochen zum Kochen angeboten.

14 Brustspitze Zusammen mit dem Brustknochen wird die Brustspitze »wie gewachsen« angeboten. Sie eignet sich zum Kochen.

15 Brustkern (Rinderbrust) Rinderbrust wird frisch oder gepökelt angeboten. Sowohl frische als auch gepökelte Rinderbrust eignet sich gut zum Kochen.

16 Nachbrust (Mittelbrust) Sie enthält weniger Knochen und ist magerer als die anderen Brustteile. Die Nachbrust kann als Suppenfleisch zubereitet werden.

17 Spannrippe (Querrippe, Leiterfleisch) Sie ist der Brustkasten des Rindes, der reines Kochfleisch liefert. Die Rippen lassen sich aus dem gekochten Fleisch ziehen.

18 Dünnung Mit und ohne Knochen, letztere gerollt, eignet sich zum Kochen und wird auch als Gulaschfleisch angeboten.

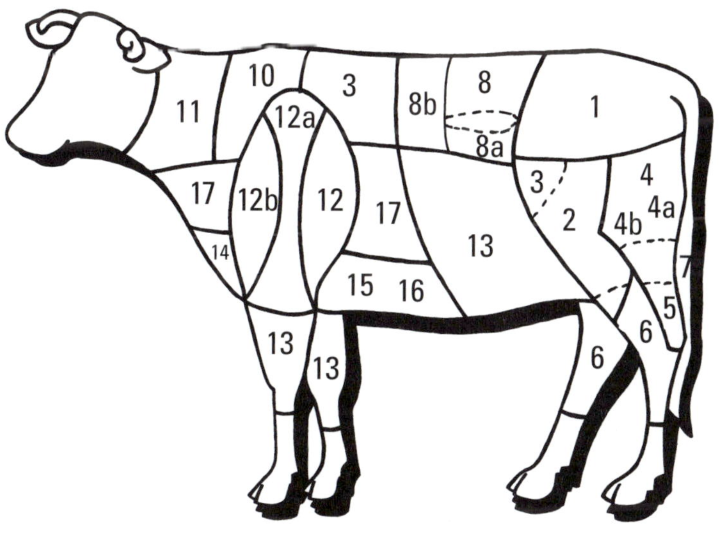

Kalbfleisch

Kalbfleisch ist zart, leicht verdaulich und vielseitig verwendbar. Es besitzt eine feine Faserstruktur. Das Fleisch ist fettarm und nur von einer dünnen, weißen Schicht Oberflächenfett bedeckt.

Teilstücke

Hochwertig sind Kalbskeule und Kalbsrücken. Aus den Teilen der Keule (Ober-, Unterschale, Hüfte, Nuss) werden die Schnitzel geschnitten. Das weiße bis hellrosafarbene Kalbfleisch kann gegrillt, gebraten, gekocht und geschmort werden.

1 Kleine Nuss (Hüfte) Sie ist das zarteste und wertvollste Fleisch der Kalbskeule. Es eignet sich für Steaks, Schnitzel und Nüsschen. Für Geschnetzeltes ist es fast zu schade.

2 Große Nuss Dieser Keulenteil ist nicht ganz so zart wie die kleine Nuss. Im Gegensatz zur kleinen kann die große Nuss auch zum Schmoren verwendet werden.

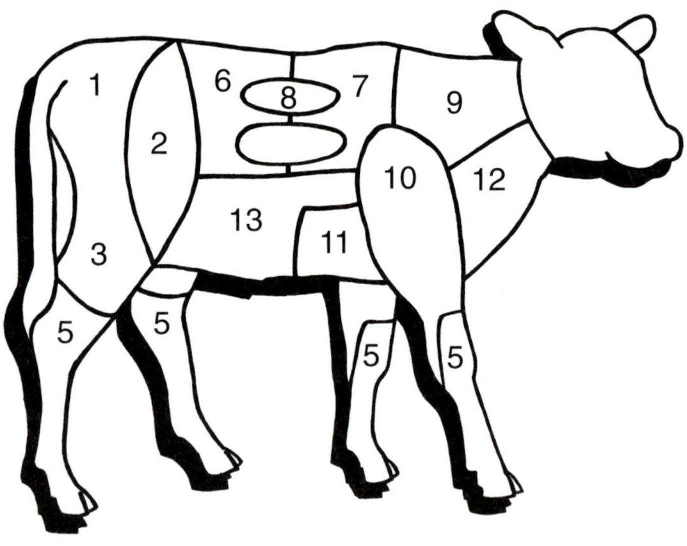

3 Oberschale (Frikandeau) Die Oberschale liefert sehr gutes Schnitzel- und Steakfleisch. Aus ihr werden sämtliche Schnitzel (z. B. Wiener Schnitzel) geschnitten.

4 Unterschale (Frikandeau) Sie hat gröbere Fleischfasern und mehr Bindegewebe als die Oberschale und eignet sich für Spickbraten und Rouladen.

5 Kalbshaxe Sie ist von Bindegewebe umgeben und von Sehnen durchzogen. Haxen können im Ganzen gebraten, gekocht oder in Scheiben gesägt zubereitet werden.

6, 7 Kalbsrücken Er besteht aus dem (6) Sattel- und dem (7) Kotelettstück. In der Innenseite befinden sich die Filets und Kalbsnieren.

8 Kalbsfilet Aus dem zartesten und begehrtesten Fleischteil werden Medaillons geschnitten. Das Filet kann aber auch im Ganzen gebraten werden.

9 Kalbshals (Nacken) Ein mit feinen Fettadern, dünnen Sehnen und Bindegewebe durchzogenes Fleisch, das aromatisch und saftig ist.

10 Kalbsschulter (Bug) In der Qualität mit dem Keulenfleisch vergleichbar. Das Fleisch eignet sich zum Braten, Kochen, Schmoren, für Steaks, Geschnetzeltes, Rollbraten.

11 Kalbsbrust Ein aromatisches, saftiges Fleisch, das meist delikat gefüllt und gebraten wird, aber auch gekocht, geschmort und gerollt gut schmeckt.

12 Brustspitze Die Brustspitze ist ohne Fettwulst recht fettarm. Sie wird zum Kochen und Schmoren verwendet und ist sehr preiswert.

13 Dünnung (Bauchlappen, Flanke) Feuchtes Garen (Schmoren) ist für dieses Teilstück wichtig, damit es weich und bekömmlich wird.

Lammfleisch

Qualitätsmerkmale

Man unterscheidet das helle, weiße Fleisch des Milchlamms (bis zu 6 Wochen alt) vom zartrosa Fleisch des Mastlamms (bis zu 12 Monate alt). Das Hammelfleisch (bis zu 2 Jahre alt) ist dunkelrot, Schaffleisch (über 2 Jahre alt) dagegen dunkelrot und grobfasrig. Sehr gut abgehangenes Lammfleisch besitzt eine kräftig rote Farbe. Es sollte von feinen Fettäderchen durchzogen sein und einen dünnen Fettrand haben.

Teilstücke

Lammfleisch lässt sich vielfältig würzen, braten, grillen, schmoren, dünsten und in Beizen einlegen. Bevor Lammfleisch zubereitet wird, muss immer erst die pergamentartige Haut abgezogen werden.

1 Lammkeule Sie wird meistens im Ganzen gekocht, gebraten oder gegrillt, gelegentlich auch gepökelt. Lammkeule kann mit und ohne Knochen gegart werden. Große Keulen kann man längs des Röhrenknochens in zwei Hälften teilen.

2 Lammrücken, Filet (a) und Nacken (Kamm, b) Sattel, Kotelettstück und Nacken bilden den Lammrücken. In der Innenseite des Rückens liegen die Filets und Nieren. Lammrücken wird wie gewachsen oder in Sattel und Kotelettstück der Länge nach gespalten als Karree angeboten. Aus ihm werden Kotelett, Lammchops und -nüsschen geschnitten. Lammfilet ist der wertvollste Teil des Lammrückens. Das Filet vom Lamm ist wie auch bei Schwein und Rind eines der wertvollsten Fleischstücke. Das zarte Filet wird meist mit einem Rückenkotelett angeboten. Dieses ist gut marmoriert und hat einen Fettrand. Das beste Filet stammt von jungen Lämmern. Das Nackenfleisch ist ein durchwachsenes, saftiges Fleisch, das gebraten, geschmort und gekocht werden kann. Nackenfleisch eignet sich für feuchtes Garen, beispielsweise für Eintöpfe wie Lammbohnenfleisch, Ragouts oder Stews (Irish Stew). Nacken wird gerollt oder als flaches Fleischstück angeboten.

3 Lammschulter (Blatt) Das Fleisch der Lammschulter ist sehr zart und zum Schmoren genauso gut geeignet wie zum Braten und Kochen. Lammschulter wird am Stück, gerollt oder in Würfel geschnitten in den Geschäften angeboten.

4 Lammbrust (Spitzbrust) Die Lammbrust ist ein kräftiges, durchwachsenes Fleisch, aus dem überwiegend Suppen und Eintöpfe zubereitet werden. Lammbrust eignet sich nämlich vor allem für langsames, feuchtes Garen. Die Brust kann aber auch durchaus gefüllt oder gerollt und dann als Braten zubereitet werden.

5 Lammbauch (Dünnung, Flanke) Lammbauch ist das preiswerteste Lammfleisch. Dieses Fleischstück ist mit Fett durchwachsen. Die Dünnung eignet sich vor allem für feuchte Garmethoden wie für Eintöpfe. Aus Lammbauch werden auch Rollbraten zubereitet.

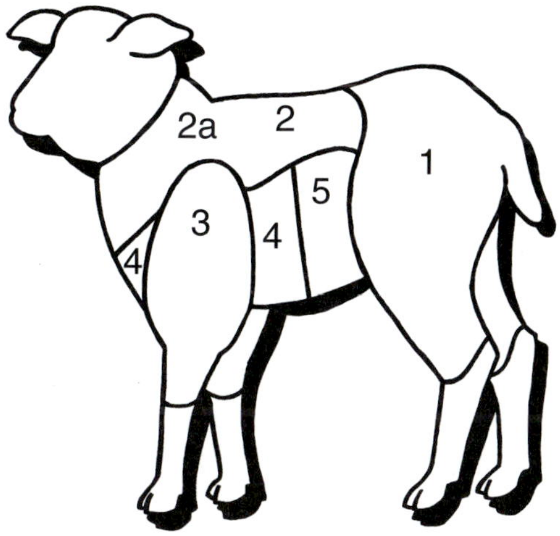

Geflügel

Geflügel lässt sich in vielen Varianten zubereiten und hat einen relativ niedrigen Marktpreis. Darüber hinaus ist weißes Geflügelfleisch zart, leicht verdaulich, eiweißreich und fettarm. Zu den fettreichen Geflügelsorten zählen Enten und Gänse.

In der industriellen Geflügelhaltung unterscheidet man Hühner zur Fleischproduktion und Hühner zum Eierlegen. Zum Mästen sind Eigenschaften wie Schnellwüchsigkeit und gute Futterverwertung gefragt.

Allmählich aber rückt man von den Schnellmastmethoden wieder ab; langsamer heranwachsendes Geflügel weist bessere Geschmackswerte auf. Qualitätsbezeichnungen sind Brüsseler Poularde, Bresse-Poularde und Steirisches Huhn; Bresse-Geflügel muss unter ganz bestimmten Kriterien gezüchtet werden.

Hähnchen Bei Hähnchen unterscheidet man nicht mehr nach Geschlechtern. Die Tiere werden etwa 6 – 8 Wochen gemästet und ihr Gewicht beträgt dann 750 – 1100 g.

Kapaun oder Masthahn Ein Kapaun ist ein kastrierter junger Hahn, der getrennt gemästet wird und mit einem Gewicht von 1,75 – 2,5 kg in den Handel kommt. Der Marktanteil für Kapaune ist ohne Bedeutung.

Poularde oder Masthuhn Poularden werden wie Hähnchen nicht nach Geschlechtern getrennt aufgezogen und gemästet. Ausschlaggebend ist das Gewicht, ob ein Tier als Hähnchen oder als Poularde auf den Markt kommt. Poularden werden mit einem Gewicht von 1,15 – 1,5 kg angeboten. Die Mastdauer beträgt 10 – 12 Wochen.

Suppenhuhn Das Suppenhuhn hat als Fleischlieferant keine überragende Stellung mehr. Es wird vorwiegend in gewerblichen Betrieben zur Zubereitung von Brühen und Suppen verwendet. Von hervorragender Qualität ist die Leber der Suppenhühner, sie ist von heller Farbe und für Einlagen von Pasteten, Terrinen und Galantinen geeignet.

Stubenküken Die Stubenküken kamen früher nur zu Ostern und im Frühling auf den Markt. Heute ist ihr Angebot ganzjährig. Ihren Namen erhielten sie dank ihrer Aufzucht in Stuben.

Gans Das einzige Hausgeflügel, das frisch noch saisongerecht angeboten wird, ist die Gans. Die Angebotszeiten sind die Herbstmonate, Dezember und Januar. Das Angebot umfasst Frühmastgänse im Alter von 3 – 4 Monaten, mit einem Gewicht von 2,5 – 3,5 kg und Junge Gänse, im Alter von 9 – 10 Monaten und einem küchenfertigen Gewicht von 3,5 – 5 kg.

Puter Der Puter ist das größte Hausgeflügel. Für die Fleischproduktion werden die Tiere sofort nach dem Schlüpfen in Puter und Puten getrennt. Der Puter ist ein Laufvogel, deshalb sollten die starken Sehnen in seinen Unterschenkeln vor dem Zubereiten entfernt werden. Baby-Puter haben ein Gewicht von 2 – 3,5 kg. Puten werden etwa 14 – 16 Wochen lang bis zu einem Gewicht von 3,5 – 6 kg gemästet. Truthähne mästet man etwa 20 – 22 Wochen; sie erreichen ein Gewicht von 7 – 10 kg.

Hausente Die meisten Entenrassen erreichen ein Schlachtgewicht von 2 – 3,5 kg, wobei die Erpel (männlich) größer und schwerer als die weiblichen Enten sind. Vorwiegend werden »Junge Enten« im Alter von 3 – 4 Monaten angeboten.

Perlhuhn Das Fleisch des Perlhuhns ist saftig mit arteigenem Geschmack. Es wird im Gegensatz zu dem anderer Hausgeflügelarten nicht durchgebraten.

Wachtel Der kleinste Vogel, der in unseren Küchen verarbeitet wird, ist die Wachtel. Die im Handel angebotenen Wachteln stammen aus Farmen, wild lebende Wachteln stehen unter Naturschutz.

Taube Tauben zählen zu den Geflügelarten mit dunklem Fleisch. Trotzdem ist das Fleisch junger Tiere hell. Das Fleisch der Tauben ist am besten, kurz bevor die Tiere flügge werden. Alte Tauben haben zähes Fleisch.

Wild

Wildfleisch ist feinfasriger und aromatischer als das von Schlachttieren. Es ist ein hervorragender Eiweißspender mit relativ hohem Mineralstoffanteil (Phosphor, Eisen) und wenig Fett. Die Wildarten werden in Schalen-, Ballen- und Federwild eingeteilt.

Schalenwild

Bindegewebsarmes (helleres) Wildfleisch von feiner Faserstruktur eignet sich sehr gut zum Braten. Wildfleisch schmeckt am besten rosa gebraten. Bindegewebsreiches (dunkleres) Fleisch eignet sich für Schmorgerichte.

Ballenwild

(Wild-)Hasen und (Wild-)Kaninchen werden der Gruppe des Ballenwilds zugeordnet. Diese Tiere werden im Gegensatz zum anderen Wild oft im Fell (Balg) angeboten, sie müssen vor der Zubereitung abgebalgt werden.

Die Verwendung der einzelnen Teile

SCHALENWILD: Reh, Rotwild oder Hirsch, Damwild, Wildschwein

Fleischstück	Rücken	Keulen	Blatt	Bauch, Hals
vom jungen Tier	• im Ganzen gebraten • ausgelöst für Koteletts und Medaillons • als Einlage für Pasteten und Terrinen	• kleine Keulen im Ganzen gebraten • große in Stücken gebraten oder portioniert als Steaks, Schnitzel, Nüsschen oder Geschnetzeltes • kleine Fleischstücke für Hacksteaks oder Farcen • für Terrinen, Pasteten oder Galantinen	• ganz oder portioniert gebraten • ausgelöst für Ragouts, Pfeffer und Farcen • vorher eventuell mariniert	• für Farcen, Ragout, Pfeffer, Kroketten • als Füllungen für Pasteten
vom älteren Tier	Das Fleisch älterer Tiere sollte man beizen. Die Säuren, die in den Beizen und Marinaden enthalten sind, wirken lockernd auf das Bindegewebe und beeinflussen auch den Geschmackswert.			
	• Braten und Schmoren im Ganzen oder in Stücken	• Schmoren im Ganzen • portioniert für Ragout und Pfeffer	• Schmoren im Ganzen • ausgelöst für Pfeffer und Ragout	• für Ragout und Pfeffer

BALLENWILD: Hase, Wildkaninchen

Fleischstück	Rücken	Keulen	Läufe	Bauch, Hals
vom jungen Tier	• zum Braten • ausgelöst als Filet oder Medaillons	• zum Braten	• zum Braten • zum Schmoren • für Ragout • für Pfeffer	• für Ragout und Pfeffer • für Fonds und Saucen
vom älteren Tier	• Medaillons zum Braten • gebeizt zum Schmoren	• zum Braten • gebeizt zum Schmoren	gebeizt • zum Braten, • zum Schmoren, • für Ragout • für Peffer	• für Ragout und Pfeffer • für Fonds und Saucen

Schnitzel, Kotelett und Steak

Für 2 Personen

Zubereitungszeit: 45 Minuten

Pro Portion: 540 kcal, 45 g Eiweiß, 30 g Fett, 12 g Kohlenhydrate

Salbeischnitzel auf Gemüse

2 dünne Schweineschnitzel (à ca. 125 g)

Salz

frisch gemahlener **Pfeffer**

2 dünne Scheiben roher Schinken

2 TL geriebener **Parmesankäse**

3 kleine Salbeizweige

je 1 rote und gelbe Paprikaschote, in Streifen geschnitten

1 kleiner Zucchini, in Scheiben geschnitten

1 EL Butter

2 EL Butterschmalz

5 EL trockener Weißwein

1 TL Speisestärke

1 In die Schnitzel seitlich eine tiefe Tasche schneiden und mit Salz und Pfeffer einreiben. Das Fleisch mit Schinken, Käse und je 1 kleinen Salbeizweig füllen und mit Küchengarn zunähen.

2 Die Paprikaschoten in Streifen, den Zucchini in dünne Scheiben schneiden. Danach das Gemüse in heißer Butter andünsten. Mit Salz und Pfeffer würzen, mit $^{1}/_{8}$ l Wasser ablöschen und etwa 10 Minuten dünsten.

3 Das Fleisch im heißen Butterschmalz von beiden Seiten etwa 5 Minuten scharf braten, bei Bedarf die Hitze reduzieren. Mit Alufolie bedeckt warm stellen.

4 Den Bratensatz mit dem Wein ablöschen. Die Speisestärke einrühren und aufkochen. Mit Salz und Pfeffer abschmecken. Das Küchengarn von den Schnitzeln entfernen. Das Gemüse und die Schnitzel auf vorgewärmten Tellern mit Salbeiblättchen garniert anrichten. Die Sauce extra dazu reichen.

Beilage: Salzkartoffeln

Für 2 Personen

Zubereitungszeit: 30 Minuten

Pro Portion: 620 kcal, 35 g Eiweiß, 33 g Fett, 3 g Kohlenhydrate

Schinkenschnitzel mit Cocktail-Tomaten

2 Schinkenschnitzel, ca. 1 cm dick

1 EL Butterschmalz

Salz

frisch gemahlener **Pfeffer**

1 kleine Dose Palmenmark (Palmenherzen)

1 EL Butter

100 g Kirschtomaten

Für die Sauce

50 g Butter

2 EL Sojasauce

etwas Zitronensaft

einige Zitronenspalten

1 Die Schnitzel im heißen Butterschmalz auf jeder Seite etwa 2 Minuten goldbraun braten. Salzen, pfeffern und warm stellen.

2 Das Palmenmark abspülen, gut abtropfen lassen und in etwa 5 mm dicke Scheiben schneiden. In 1 EL Butter in einer Pfanne dünsten. Die Tomaten halbieren und dazugeben, kurz mitdünsten. Mit Salz und Pfeffer abschmecken und auf das Fleisch geben.

3 Die Butter mit der Sojasauce in einem Topf einige Minuten erhitzen, dabei gut verrühren. Die Schnitzel anrichten. Die Sauce mit Zitronensaft abschmecken und über die Schnitzel gießen. Mit Zitronenspalten garniert servieren.

Beilage: Pasta, Bratkartoffeln und grüner Salat

Getränkeempfehlung: Tonic Water mit Limettensaft und Eiswürfel im Longdrinkglas

Für 4 Personen

Zubereitungszeit: 35–40 Minuten

Pro Portion: 640 kcal, 34 g Eiweiß, 52 g Fett, 8 g Kohlenhydrate

Schweinekoteletts mit saurer Sahne

1 EL Kapern

4 Schweinekoteletts (à 200 g)

2 EL Butterschmalz

Salz

weißer Pfeffer aus der Mühle

4 EL fein gehackte **Zwiebeln**

2 EL Weißweinessig

1 EL Honig

250 g Sahne

1 EL gehackte **Cornichons**

2 TL gehackter **Estragon**

2 TL scharfer Dijonsenf

1 TL grobkörniger Senf

1 Die Kapern in ein kleines Sieb geben und kalt abspülen.

2 Die Koteletts trocken tupfen und in heißem Butterschmalz von beiden Seiten goldbraun anbraten. Mit Salz und Pfeffer würzen, halb zugedeckt 10–12 Minuten garen, aus der Pfanne nehmen und warm stellen.

3 Das überschüssige Fett aus der Pfanne abgießen. Die Zwiebelwürfel in die Pfanne geben, 2–3 Minuten anziehen lassen und mit Essig und Honig gut vermischen.

4 Die Sahne dazugießen, aufkochen und mit Salz und Pfeffer nachwürzen. Die Cornichons, 1 TL Estragon und beide Senfsorten hinzufügen. Alles gut vermischen, aber nicht mehr kochen lassen.

5 Die Koteletts auf eine vorgewärmte Platte legen und mit der Sauce umgießen. Mit dem restlichen Estragon und den abgespülten Kapern bestreut servieren.

Beilage: Nudeln, Kartoffelpüree oder Parboiled Reis

Getränkeempfehlung: Bier oder hellroter Landwein

Für 4 Personen

Zubereitungszeit: 30 Minuten

Pro Portion: 440 kcal, 32 g Eiweiß, 34 g Fett, 2 g Kohlenhydrate

Koteletts, gefüllt mit Schafskäse

100 g griechischer Schafskäse, grob zerkleinert

50 g entsteinte grüne Oliven, grob gehackt

1 Knoblauchzehe, geschält

Salz

schwarzer Pfeffer aus der Mühle

4 Schweinekoteletts (à 200 g)

3 EL Öl

1 Zitrone

1. Den Schafskäse mit einer Gabel zerdrücken. Die Oliven grob hacken und zufügen. Den Knoblauch schälen und dazupressen. Alles gut mischen und mit Salz und Pfeffer würzen.
2. In die Koteletts eine Tasche schneiden und die Mischung darin verteilen. Mit Küchenzwirn zunähen, die Koteletts trocken tupfen.
3. Das Öl in einer großen Pfanne erhitzen und die Fleischstücke auf jeder Seite 4 Minuten braten. Salzen und pfeffern.
4. Die Zitrone längs vierteln und mit den Koteletts anrichten.

Beilage: Bratkartoffeln oder Sesamfladen und Gurkensalat mit Zwiebeln, Dill und Joghurtsauce.

Getränkeempfehlung: trockener Weißwein, z. B. Demestica

Die gewürzte Käsemasse mit einem Löffel in die Koteletts füllen.

Die Taschenöffnungen mit Küchenzwirn gut zunähen.

tipp

Unter den Schafskäse können Sie auch fein gehackte Zwiebeln und verschiedene Kräuter mischen.

Für 4 Personen

Zubereitungszeit: 40 Minuten

Pro Portion: 725 kcal, 31 g Eiweiß, 66 g Fett, 2 g Kohlenhydrate

Schweinesteaks mit Avocadosauce

2 reife Avocado, geschält

2 EL Zitronensaft

4 Schweinesteaks (á 150 g)

Pfeffer aus der Mühle

4 EL Butter

1/2 l (500 ml) Hühnerbrühe (aus Extrakt)

4 EL Sahne

2 TL Curry

Salz

1 Prise Cayennepfeffer

1 Avocados schälen, halbieren, Steine herauslösen und das Fruchtfleisch mit dem Zitronensaft bestreichen. Eine Avocado mit einem Stabmixer pürieren.

2 Steaks trocken tupfen, mit Pfeffer bestreuen und in der Butter goldgelb braten. Aus der Pfanne nehmen und warm stellen. Den Bratensatz mit der Brühe lösen und aufkochen.

3 Avocadopüree mit der Sahne mischen, in die Brühe geben, mit Curry, Salz und Cayennepfeffer abschmecken. Langsam erwärmen, aber nicht mehr kochen.

4 Die Steaks 1–2 Minuten in die Sauce legen. Die zweite Avocado in Scheiben schneiden und die Steaks damit garnieren.

Beilage: Mais oder ganzer Maiskolben mit Butter, Reis

Getränkeempfehlung: roter Landwein

Für 4 Personen

Zubereitungszeit: 1 Stunde

Pro Portion: 1040 kcal, 47 g Eiweiß, 62 g Fett, 12 g Kohlenhydrate

Schweinefilet unter Nusskruste

3 Schalotten, fein gewürfelt

100 g Butter

100 g Gorgonzola, gewürfelt

1/4 l (250 ml) Geflügel- oder Kalbsfond (aus dem Glas)

200 g Sahne

500 g Blattspinat

Salz

schwarzer Pfeffer aus der Mühle

1 Msp. frisch geriebene **Muskatnuss**

100 g Haselnüsse

30 g Semmelbrösel

600 g Schweinefilet

40 g Butterschmalz

1 EL Stärke

50 ml trockener Weißwein

1. Die Schalotten schälen und fein würfeln. 1 EL Butter in einem Topf zerlassen und darin die Hälfte der Schalottenwürfel glasig dünsten. Den Gorgonzola würfeln, mit dem Fond und der Sahne hinzugeben und alles um ein Drittel einkochen.

2. Den Spinat gründlich waschen, putzen und grob zerteilen. 2 EL Butter in einem anderen Topf zerlassen und darin die restlichen Schalottenwürfel anschwitzen. Den Spinat hinzugeben und das Ganze mit Salz, Pfeffer und Muskat abschmecken.

3. Die Nüsse in einer beschichteten Pfanne ohne Fettzugabe rösten. In einem Topf die restliche Butter zerlassen. Etwa 25 g der Nüsse grob hacken. Die restlichen Nüsse fein mahlen, mit der Butter und den Semmelbröseln mischen und mit Salz und Pfeffer abschmecken. Den Backofen auf 200°C (Umluft 170°C, Gas Stufe 3) vorheizen.

4. Die Filets waschen, trocken tupfen, in Scheiben schneiden, salzen und pfeffern. Das Butterschmalz in einer Pfanne erhitzen und darin das Fleisch von beiden Seiten anbraten. Eine Auflaufform (etwa 30 cm lang) einfetten, das Fleisch hineingeben und mit der Nussmasse bestreichen. Das Gericht auf der mittleren Schiene im Ofen etwa 15 Minuten gratinieren, bis die Kruste goldbraun ist.

5. Die Gorgonzolasauce mit etwas Stärke binden. Dafür die Stärke mit etwas Weißwein anrühren und in die kochende Sauce rühren.

6. Die gehackten Haselnüsse unter den Spinat geben und die Schweinefilets mit dem Spinat und der Sauce anrichten.

Beilage: breite Bandnudeln

Für 4 Personen

Zubereitungszeit: 25 Minuten

Pro Portion: 415 kcal, 29 g Eiweiß, 29 g Fett, 10 g Kohlenhydrate

Schweinelende mit Kirschsauce

12 Scheiben Schweinefilet (à ca. 50 g) oder **4 Scheiben ausgelöste Schweinekoteletts (à ca. 150 g)**

Salz

etwas Ingwerpulver

1 EL Öl

1 EL Butter

6 EL entsteinte Sauerkirschen (Fertigprodukt)

1 EL Zucker

$^1/_8$ l (125 ml) Fleischbrühe (aus Extrakt)

4 EL Crème fraîche

1. Die Fleischscheiben trocken tupfen und mit Salz und Ingwer einreiben. Öl und Butter in einer Pfanne erhitzen und das Fleisch darin von beiden Seiten knusprig braun braten, es soll noch einen rosa Kern haben.
2. Die Kompottkirschen gut abtropfen lassen (den Saft auffangen) und mit dem Zucker in die Pfanne geben. Unter Rühren anbraten, bis der Zucker zu bräunen beginnt.
3. Die Fleischbrühe in die Pfanne geben und aufkochen lassen. Den Kirschsaft ebenfalls zu der Sauce geben und die Sauce bei starker Hitze etwas einkochen lassen. Die Crème fraîche hinzufügen und noch einmal aufkochen lassen. Mit Ingwer abschmecken.
4. Das Fleisch auf einer Platte anrichten und mit der Kirschsauce überziehen. Die restliche Sauce getrennt dazu reichen.

Beilage: Kartoffelkroketten oder Baguette

Getränkeempfehlung: halbtrockener Weißwein

tipp

Dieses Gericht schmeckt besonders gut, wenn man es mit frischen Sauerkirschen zubereitet.

Für 4 Personen

Zubereitungszeit: 20 Minuten

Pro Portion: 480 kcal, 43 g Eiweiß, 31 g Fett, 3 g Kohlenhydrate

Kalbsmedaillons in Kräutersenfsauce

3 EL Butterschmalz

8 Kalbsmedaillons (à 100 g)

Salz

weißer Pfeffer aus der Mühle

1/8 l (125 ml) trockener Weißwein

3 EL Kräutersenf

200 g Sahne

Zitronensaft

1. Das Butterschmalz in einer großen Pfanne erhitzen. Die Kalbsmedaillons trocken tupfen und auf jeder Seite 2 Minuten braten, salzen und pfeffern. Aus der Pfanne nehmen und zugedeckt beiseite stellen.
2. Das Bratfett wegkippen und den Bratensatz mit dem Weißwein loskochen.
3. Den Senf und die Sahne dazugeben und gut verrühren. Die Sauce bei starker Hitze um ein Drittel einkochen lassen, bis sie eine cremige Konsistenz hat. Mit Salz, Pfeffer und Zitronensaft abschmecken.
4. Die Kalbsmedaillons mit dem ausgetretenen Fleischsaft in die Sauce geben und erwärmen. Auf vorgewärmten Tellern anrichten.

Beilage: schmale Bandnudeln und grüner Spargel oder Prinzessbohnen

Getränkeempfehlung: trockener Weißwein, z. B. Silvaner aus Franken

tipp

Das Kalbfleisch können Sie durch andere Fleischsorten, aber auch durch Hühnerbrüstchen ersetzen. Anstelle des Kräutersenfs schmeckt auch Rotisseur- oder Dijonsenf sehr gut.

Für 2 Personen

Zubereitungszeit: 20 Minuten

Pro Portion: 375 kcal, 37 g Eiweiß, 14 g Fett, 9 g Kohlenhydrate

Überbackene Kalbsmedaillons

4 Kalbsmedaillons aus dem Filet, etwa 2 cm dick

Salz

schwarzer Pfeffer aus der Mühle

1 EL Öl

4 Datteln

4 Scheiben Camembert, mit Edelpilzkäse durchzogen, etwa 1/2 cm dick

4 EL Madeira

1 Die Kalbsmedaillons trocken tupfen und mit Salz und Pfeffer würzen. Das Öl in einer beschichteten Pfanne erhitzen und das Fleisch darin bei starker Hitze auf jeder Seite 1–2 Minuten anbraten.

2 Die Datteln halbieren, entkernen und die Hälften in die Pfanne geben. Kurz mitbraten, dann jeweils 2 Hälften auf ein Kalbsmedaillon setzen und je 1 Käsescheibe darauflegen. Die Pfanne mit einem Deckel verschließen und den Käse in 1 Minute schmelzen lassen.

3 Das überbackene Fleisch auf zwei vorgewärmte Teller legen und warm stellen. Den Bratfond mit Madeira ablöschen und bei starker Hitze aufkochen lassen. Den Bratensaft um die Medaillons gießen und sofort servieren.

Beilage: getoastetes Weißbrot oder Bandnudeln und grüner Salat

tipp

Sie können das Kalbsfilet auch durch Schweinefilet ersetzen.

Für 4 Personen

Zubereitungszeit: 45 Minuten

Pro Portion: 420 kcal, 34 g Eiweiß, 19 g Fett, 13 g Kohlenhydrate

Kalbssteak mit Zwiebeln gratiniert

500 g Zwiebeln (am besten rote)

1 TL Zucker

2 EL Butter

1/4 l (250 ml) Weißwein

125 g Sahne

Salz

Pfeffer aus der Mühle

1 Möhre, in feine Streifen geschnitten

1/2 Stange Porree, in feine Streifen geschnitten

4 Scheiben Kalbssteak à 150 g

1 EL Butterschmalz

2 EL Noilly-Prat (herber weißer Wermut)

1. Die Zwiebeln schälen, grob schneiden, mit dem Zucker in der Butter anziehen lassen, mit dem Weißwein begießen und zugedeckt schmoren lassen. Sobald die Zwiebeln weich sind, das Ganze im Mixer pürieren oder durch den Fleischwolf drehen.

2. Das Zwiebelpüree mit der Sahne in einen Topf geben und unter Rühren langsam eindicken lassen. Mit Salz und Pfeffer würzen.

3. Die Möhre und den Porree waschen, putzen und in sehr feine Streifen schneiden.

4. Die Kalbssteaks trocken tupfen und in Butterschmalz von beiden Seiten kurz anbraten. Die Möhren- und Porreestreifen hinzufügen, anziehen lassen, mit dem Noilly-Prat ablöschen und halb zugedeckt 10 Minuten schmoren lassen.

5. Anschließend das Fleisch aus der Kasserolle nehmen und in eine Gratinform legen. Den Bratenfond zum Zwiebelpüree geben, vermischen, über das Fleisch verteilen und die Gemüsestreifen darüberstreuen. Zum Schluss das Ganze unter dem Grill ganz kurz gratinieren. Die Zwiebelsauce darf dabei nur einzelne kleine braune Flecken bekommen.

Beilage: ganz feines Kartoffelpüree und grüne Bohnen

tipp

Die Gemüsestreifen können durch Spinat-, Mangold- oder Sauerampferstreifen ersetzt werden, die aber nur 2–3 Minuten mitdünsten sollen. Man kann das Gericht auch mit etwas Käse bestreuen, muss es dann aber auch länger überbacken. In diesem Fall bietet es sich an, die Gemüsestreifen mit dem Zwiebelpüree zu mischen. Dieses Gericht lässt sich auch mit Schweinefilet oder Lammrückensteaks zubereiten.

Für 4 Personen

Zubereitungszeit: 40 Minuten

Pro Portion: 275 kcal, 35 g Eiweiß, 14 g Fett, 2 g Kohlenhydrate

Kalbsschnitzel Florentiner Art

500 g junger, frischer Spinat

Salz

20 g Butter

1 kleine Zwiebel, gewürfelt

frisch geriebene **Muskatnuss**

1 TL Zitronensaft

3 EL frisch geriebener **Parmesan**

3 EL Sahne

4 Kalbsschnitzel (à 150 g)

weißer Pfeffer aus der Mühle

1 EL Öl

1 Den Spinat sorgfältig verlesen, bei größeren Spinatblättern, vor allem bei Winterspinat, die harten Mittelrippen entfernen. Spinat gründlich waschen und tropfnass in einen Topf geben. Salzen und zugedeckt bei mittlerer Hitze so lange dünsten, bis die Spinatblätter zusammenfallen. In einem Sieb abtropfen lassen.

2 Die Butter in einer Kasserolle erhitzen und die Zwiebelwürfel darin anschwitzen. Den Spinat zufügen, mit Muskat und Zitronensaft würzen und das Gemüse kurz durchschwenken.

3 Parmesan und Sahne zu einer glatten Creme verrühren. Den Grill vorheizen.

4 Die Schnitzel trocken tupfen und mit Salz und Pfeffer einreiben. Das Öl in einer beschichteten Pfanne erhitzen und die Schnitzel darin bei starker Hitze von beiden Seiten je 2 Minuten anbraten.

5 Die gebratenen Schnitzel nebeneinander auf eine feuerfeste Platte legen, jeweils etwas Spinat daraufhäufen, mit der Käsecreme bedecken und unter dem Grill gratinieren.

Beilage: Nudeln oder Salzkartoffeln

Getränkeempfehlung: gehaltvoller Weißwein, z. B. ein Riesling

Für 4 Personen

Zubereitungszeit: 30 Minuten

Pro Portion: 444 kcal, 50 g Eiweiß, 20 g Fett, 11 g Kohlenhydrate

Panierte Kalbskoteletts

1 Ei

1 EL Milch

8 Kalbskoteletts mit Knochen (1 kg)

60 g Paniermehl

Salz

Pfeffer aus der Mühle

4 EL Öl

1. Das Ei aufschlagen und mit Milch verquirlen. Die Koteletts waschen, trocken tupfen, in der Eimilch und dem Paniermehl wenden und auf einer Seite mit Salz und Pfeffer würzen.
2. Das Öl in einer Pfanne erhitzen. Die Koteletts mit der gewürzten Seite nach unten in die Pfanne legen, die obere Seite mit Pfeffer und Salz würzen und bei mittlerer Hitze goldbraun braten. Die Bratdauer beträgt von jeder Seite etwa 7–8 Minuten.

Beilage: Kroketten, Rosenkohl und frische Salate

Getränkeempfehlung: kräftiger Wein, zum Beispiel Kaiserstühler Grauburgunder oder die Bowle Marquise: 100 g Zucker in ein wenig Wein lösen und in ein gut gekühltes (Steingut-)Gefäß geben. Mit 1 Flasche eiskaltem Rheinwein, 2 Flaschen Mineralwasser und dem Saft von 2 Zitronen aufgießen. Gut gekühlt servieren.

Für 4 Personen

Zubereitungszeit: 15–20 Minuten

Pro Portion: 360 kcal, 39 g Eiweiß, 18 g Fett, 2 g Kohlenhydrate

Pfeffersteaks

4 Scheiben Filetsteak oder **Lendensteak (à 200–250 g)**

2 EL grob geschroteter **schwarzer Pfeffer**

1 EL Öl

1 TL Butter

Salz

2 cl (20 ml) Cognac oder **Weinbrand**

2 Schalotten, fein gewürfelt

1/8 l (125 ml) Fleischbrühe (aus Extrakt)

1/8 l (125 ml) Weißwein

4 EL Crème fraîche

Kresse zum Garnieren

1 Die Steaks trocken tupfen und auf beiden Seiten in die zerstoßenen Pfefferkörner drücken. Mit den Handballen nachdrücken, damit der Pfeffer haften bleibt.

2 Öl und Butter in einer Pfanne erhitzen und die Steaks darin von beiden Seiten in 3–4 Minuten knusprig braun braten, dann salzen. Mit dem erwärmten Cognac aufgießen, anzünden und die Steaks in dem brennenden Cognac wenden. Aus der Pfanne nehmen und warm stellen.

3 In der Bratzeit der Steaks die Schalotten schälen, klein würfeln, mit der Fleischbrühe und dem Wein in einem kleinen Topf auf ein Drittel einkochen lassen. Den Fleischbratsatz in der Pfanne damit ablöschen, die Crème fraîche hinzugießen und bei starker Hitze unter Rühren weiter einkochen, bis eine cremige, dickliche Sauce entstanden ist. Die Steaks mit der Sahnesauce umgießen und mit Kresse garnieren.

Beilage: Pommes frites oder knuspriges Stangenbrot und gemischter Salat

Getränkeempfehlung: junger Cabernet aus Norditalien oder ein einfacher Bordeaux

Den zerstoßenen Pfeffer mit den Händen fest auf die Steaks drücken.

Die gebratenen Pfeffersteaks mit angewärmtem Cognac flambieren.

Den Fleischbratensatz mit der Schalotten-Wein-Brühe ablöschen.

Crème fraîche zugeben und die Sauce unter kräftigem Rühren einkochen, bis sie dicklich wird.

Für 2 Personen

Zubereitungszeit: 30 Minuten

Pro Portion: 890 kcal, 58 g Eiweiß, 40 g Fett, 2 g Kohlenhydrate

Rumpsteaks mit Käse

2 Rumpsteaks (à ca. 200 g)

20 g Butterschmalz

20 g Butter

1 kleine Zwiebel, fein gehackt

100 g frische Champignons, in Scheiben geschnitten

Salz

frisch gemahlener **Pfeffer**

1 EL gehackte **Petersilie**

2 Scheiben durchwachsener Speck

80 g Edelpilzkäse (2 Scheiben)

1 Den Fettrand mehrfach einschneiden und die Steaks in dem sehr heißen Butterschmalz von beiden Seiten anbraten, dann etwa 4 Minuten pro Seite bei mittlerer Hitze weiterbraten.

2 In einer zweiten Pfanne die Butter zerlassen, die Zwiebel fein hacken und darin glasig dünsten. Die Champignons in Scheiben schneiden, dazugeben und etwa 5 Minuten mitdünsten. Mit Salz und Pfeffer abschmecken, die Petersilie hinzufügen und kurz mitschmoren.

3 Die Steaks warm stellen, salzen und pfeffern und mit Alufolie bedecken.

4 Den Backofen auf 180°C (Umluft 150°C, Gas Stufe 2) vorheizen. Die Speckscheiben kurz anbraten und auf die Steaks legen. Die Zwiebeln und Champignons darauflegen. Mit je 1 Scheibe Edelpilzkäse belegen.

5 Im Backofen bei Oberhitze oder unter dem Grill einige Minuten überbacken, bis der Käse leicht geschmolzen ist. Sofort heiß servieren.

Beilage: Brot oder Backofenkartoffel

Getränkeempfehlung: Pils oder Rotwein, zum Beispiel ein Burgunder oder eine Johannisbeerkaltschale: 1 kg pürierte Johannisbeeren in Zucker und 1/2 l Weißwein ziehen lassen, vor dem Servieren durch ein Sieb geben.

Für 2 Personen

Zubereitungszeit: 30 Minuten, Marinierzeit: über Nacht

Pro Portion: 860 kcal, 60 g Eiweiß, 73 g Fett, 3 g Kohlenhydrate

Gebeiztes T-Bone-Steak mit Kräuterbutter

1 kleine Zwiebel, in dünne Ringe geschnitten

1 Knoblauchzehe, geschält

9 EL Rotwein

3 EL Rotweinessig

4 EL Olivenöl

1 EL Kräuter der Provence

2 T-Bone-Steaks (à ca. 300 g oder mehr)

evtl. 2 EL Butterschmalz

Salz

frisch gemahlener **Pfeffer**

40 g Kräuterbutter

1 Die Zwiebel in dünne Ringe schneiden, die Knoblauchzehe durchpressen. Rotwein, Essig und Öl mit dem Schneebesen zu einer Marinade verrühren. Zwiebeln, Knoblauch und Kräuter daruntermischen und in ein flaches Gefäß geben. Die Steaks nebeneinander in die Marinade legen, sodass sie gut bedeckt sind. Über Nacht ziehen lassen.

2 Die Steaks gut abtropfen lassen und auf dem Grill von beiden Seiten 8–10 Minuten grillen oder im heißen Butterschmalz in der Pfanne von jeder Seite etwa 10 Minuten braten, die Hitze nach Bedarf reduzieren. Salzen, pfeffern und mit der Kräuterbutter servieren.

Beilage: Folienkartoffeln und Mais-Salat

Getränkeempfehlung: ein gerbstoffreicher, kräftiger Rotwein, zum Beispiel ein Cabernet Sauvignon oder ein Barolo. Ein Bier passt aber auch gut.

Für 4 Personen

Zubereitungszeit: 20 Minuten, Marinierzeit: 12 Stunden

Pro Portion: 555 kcal, 25 g Eiweiß, 47 g Fett, 2 g Kohlenhydrate

Lammnüsschen mit Estragon

Marinade

8 Lammnüsschen (à 70 g)

3 EL Öl

frische Estragonblätter

Salz

schwarzer Pfeffer aus der Mühle

1 EL Butter

Sauce

fein gehackte **Schalotten**

1/8 l (125 ml) Weißwein

1 EL Weinessig

2 Stängel Estragon

60 g Butter

gehackte **Estragonblätter**

1. Das Fleisch zu runden Steaks drücken und mit einem flachen Messer platt drücken. Öl und Estragonblätter mischen und das Fleisch 12 Stunden darin marinieren.
2. Die abgetropften Lammnüsschen in eine heiße Pfanne ohne Fettzugabe legen. Wenden, die gebräunte Seite salzen und pfeffern und die Butter hinzufügen. Jede Seite 3 Minuten braten, das Fleisch aus der Pfanne nehmen und warm stellen.
3. In der Bratzeit der Lammnüsschen die Schalotten mit dem Wein, Essig und einem Zweig Estragon 5 Minuten einkochen lassen und durch ein Sieb geben.
4. Das Bratfett aus der Pfanne abgießen und den Bratfond mit der Schalotten-Wein-Mischung ablöschen. Durchkochen, gehackte Estragonblätter in die Sauce geben, vom Herd nehmen und die Sauce mit der Butter kräftig verrühren. Über die Lammnüsschen geben. Auf einer sehr heißen Platte anrichten.

Beilage: Salzkartoffeln und Kastanienpüree

Getränkeempfehlung: fruchtiger Weißwein oder gehaltvoller Rotwein, z. B. ein Shiraz

Für 4 Personen

Zubereitungszeit: 25 Minuten

Pro Portion: 750 kcal, 28 g Eiweiß, 63 g Fett, 19 g Kohlenhydrate

Lammkoteletts in Kräuterhülle

4 doppelte Lammkoteletts (à 180 g)

Salz

schwarzer Pfeffer aus der Mühle

3 Knoblauchzehen, geschält

½ Bund glatte Petersilie, fein gehackt

3 TL Kräuter der Provence, fein gehackt

8 EL Semmelbrösel

1 Ei

1 Eigelb

3 EL Mehl

3 EL Olivenöl

1 Die Lammkoteletts trocken tupfen, beidseitig salzen und pfeffern. Den Knoblauch schälen, durch die Presse drücken und die Lammkoteletts damit bestreichen.

2 Die Petersilie abbrausen, trocken tupfen, von den Stängeln zupfen und sehr fein hacken. Mit Provencekräutern und den Semmelbröseln in einer flachen Schale gut mischen.

3 Das Ei mit dem Eigelb gut verquirlen. Das Mehl in eine Schale geben. Die Lammkoteletts erst in Mehl wenden, dann durch die verquirlten Eier ziehen und anschließend in der Paniermischung wenden. Die Panade gut festdrücken.

4 Das Olivenöl in einer großen Pfanne erhitzen und die Lammkoteletts darin bei mittlerer Hitze auf jeder Seite in 3–4 Minuten goldbraun ausbacken.

Beilage: gedünsteter Mangold oder grüne Bohnen, Kartoffelgratin oder Bratkartoffeln

Getränkeempfehlung: kräftiger Rotwein, z. B. Bordeaux

tipp

Wenn Sie Gäste bekommen, können Sie die Koteletts schon vorher panieren und müssen sie dann nur noch kurz ausbacken.

Für 2 Personen

Zubereitungszeit: 45 Minuten

Pro Portion: 750 kcal, 31 g Eiweiß, 65 g Fett, 3 g Kohlenhydrate

Lammkoteletts mit grünem Spargel

200 g neue Kartoffeln

2 Lamm-Doppelkoteletts (Lammchops)

1 TL Olivenöl

frisch gemahlener **Pfeffer**

1 Knoblauchzehe, durchgepresst

250 g grüner Spargel

Salz

1 EL Butterschmalz

2 EL Butter

2 EL Zitronensaft

1 TL kleine Kapern

1 EL frisch geriebener **Parmesankäse**

1 Die Kartoffeln als Pellkartoffeln zubereiten. Die Lammkoteletts mit Öl, Pfeffer und dem Knoblauch einreiben.

2 Den Spargel in Salzwasser etwa 20 Minuten gar ziehen lassen. Die Kartoffeln pellen und warm stellen.

3 Die Lammkoteletts salzen, in dem heißen Butterschmalz von beiden Seiten je etwa 5–7 Minuten braten, bei Bedarf die Hitze reduzieren, dann gut warm stellen.

4 Die Butter bei milder Hitze zergehen lassen, mit dem Zitronensaft und den Kapern verrühren. Den Spargel abgießen, mit der Zitronen-Kapern-Butter beträufeln und den Parmesankäse darüberstreuen. Auf einer heißen Platte mit den Lammkoteletts und den Kartoffeln anrichten.

Getränkeempfehlung: leichter, spritzig-fruchtiger Weißwein oder auch ein kräftiger Rotwein

Für 4 Personen

Zubereitungszeit: 25 Minuten

Pro Portion: 460 kcal, 43 g Eiweiß, 25 g Fett, 10 g Kohlenhydrate

Putenschnitzel Bologneser Art

4 Putenschnitzel (je 125 g)

Salz

etwas Mehl

1 Ei

3 EL Semmelbrösel

3 EL Butter

1 kleine Zwiebel, fein gewürfelt

4 mittelgroße Tomaten (ca. 500 g), gehäutet und gewürfelt

einige Blättchen Rosmarin

4 dünne Scheiben roher Schinken

4 dünne Scheiben (30 g) Schweizer Käse

schwarzer Pfeffer aus der Mühle

1 Die Putenschnitzel leicht flach klopfen, mit Salz einreiben und in Mehl wenden. Das Ei in einem tiefen Teller gründlich mit einer Gabel verschlagen. Auf einen zweiten Teller die Semmelbrösel geben.

2 2 EL Butter in einer großen Pfanne mit Deckel und einem feuerfesten Griff erhitzen. Die Putenschnitzel zuerst in Ei und dann in den Semmelbröseln wenden. Die Schnitzel in der Butter von beiden Seiten bei nicht zu starker Hitze goldgelb braten.

3 Inzwischen die geschälte Zwiebel in kleine Würfel schneiden, die Tomaten blanchieren, häuten und in Stückchen schneiden.

4 Die restliche Butter in einer zweiten Pfanne erhitzen und die Zwiebelwürfel darin glasig braten. Die Tomatenstückchen und die Rosmarinblättchen hinzufügen und schmoren lassen, bis eine dickliche Tomatensauce entsteht.

5 Auf die fertigen Putenschnitzel je 1 Scheibe Schinken und 1 Käsescheibe legen. Den Deckel auf die Pfanne geben und den Käse bei leichter Hitze schmelzen lassen oder die Schnitzel kurz auf die mittlere Schiene in den vorgeheizten Backofen geben und den Käse bei 200 °C (Umluft 170 °C, Gas Stufe 3) schmelzen lassen; er darf aber nicht bräunen. Die Tomatensauce mit Salz und Pfeffer abschmecken und je 1 EL davon auf oder neben das Schnitzel geben.

Beilage: junge Erbsen oder zarte Brechbohnen und Kartoffelpüree

Getränkeempfehlung: Merlot aus dem Friaul

Für 2 Personen

Zubereitungszeit: 30 Minuten

Pro Portion: 405 kcal, 43 g Eiweiß, 21 g Fett, 1 g Kohlenhydrate

Gefüllte Putenschnitzel

2 dickere Putenschnitzel (je ca. 160 g)

Salz

weißer Pfeffer aus der Mühle

2 EL Frischkäse (50 % Fett i. Tr.)

1 EL gehackte Kräuter (z. B. Petersilie, Schnittlauch, Basilikum)

30 g Lachsschinken, in Würfel geschnitten

Mehl zum Wenden

20 g Butter

4 EL Weißwein

1 In die Putenschnitzel jeweils eine Tasche schneiden und innen und außen mit Salz und Pfeffer würzen.

2 Den Frischkäse mit den Kräutern und dem Schinken verrühren und die beiden Schnitzel damit füllen. Die Öffnung mit je einem Holzspießchen zustecken. Die gefüllten Schnitzel in Mehl wenden und überschüssiges Mehl gut abklopfen.

3 Die Butter in einer beschichteten Pfanne erhitzen und die Putenschnitzel darin bei mittlerer Hitze von jeder Seite etwa 3–4 Minuten braten.

4 Den Bratensatz mit dem Wein ablöschen und kurz durchkochen lassen. Die Schnitzel auf Teller legen und mit der Sauce begießen.

Beilage: Salzkartoffeln und Tomatensalat

Getränkeempfehlung: ein eleganter Rotwein wie Zweigelt vom Neusiedlersee oder ein Weißwein wie ein Sauvignon Blanc

tipp

Anstelle von Putenfleisch können Sie auch Kalbfleisch verwenden.

Für 4 Personen

Zubereitungszeit: 35 Minuten

Pro Portion: 540 kcal, 39 g Eiweiß, 35 g Fett, 3 g Kohlenhydrate

Hirschmedaillons in Wacholderrahm

2 EL Butter

2 EL Öl

12 Hirschmedaillons (je ca. 60 g)

Salz

schwarzer Pfeffer aus der Mühle

8–10 Wacholderbeeren, zerdrückt

einige Zweige Rosmarin

¹/₄ l (250 ml) trockener Rotwein

¹/₄ l (250 ml) Wildfond (aus dem Glas)

2 Schalotten, fein gehackt

200 g Crème double

1 Butter und Öl in einer schweren Pfanne erhitzen. Die Hirschmedaillons bei starker Hitze auf jeder Seite, je nach Dicke, 3–4 Minuten braten. Salzen, pfeffern und zugedeckt warm stellen.

2 Das Bratfett wegkippen, die Wacholderbeeren dann kurz, aber kräftig im verbliebenen Bratensatz anrösten. 1 Zweig Rosmarin zufügen und mit Rotwein und Wildfond ablöschen, die Schalotten zufügen und bei starker Hitze um die Hälfte einkochen lassen.

3 Die Sauce durch ein feines Sieb in einen Topf gießen, die Crème double zufügen und 2 Minuten kochen. Mit Salz und Pfeffer abschmecken.

4 Die Hirschmedaillons auf 4 vorgewärmte Teller legen, mit der Sauce übergießen und mit dem restlichen Rosmarin garnieren.

Beilage: kleine, im Ganzen gebratene Kartöffelchen oder Kroketten

Getränkeempfehlung: kräftiger Rotwein, z. B. Barbera, Duca Enrico

Für 4 Personen

Zubereitungszeit: 15 Minuten, Marinierzeit: 20 Minuten

Pro Portion: 510 kcal, 40 g Eiweiß, 33 g Fett, 9 g Kohlenhydrate

Hirschsteaks mit Holundersahne

1 mittelgroße Zwiebel, fein gehackt

1 kleine Möhre, mittelfein geraspelt

1 Flasche Holunder-Muttersaft (330 ml) aus dem Reformhaus

3 Wacholderbeeren, zerdrückt

Salz

schwarzer Pfeffer aus der Mühle

Muskatnuss, frisch gerieben

4 Hirschsteaks (je ca. 180 g)

2 EL Butterschmalz

200 g Crème double

5 g grüne Pistazien, gehackt

1 Die Zwiebelwürfel und die Möhre mit dem Holundersaft und den Wacholderbeeren mischen, salzen, pfeffern und mit Muskat würzen.

2 Die Hirschsteaks nebeneinander auf eine Platte legen, mit der Mischung bedecken und 20 Minuten ziehen lassen.

3 Die Hirschsteaks aus der Marinade nehmen, abtupfen und in Butterschmalz 4–5 Minuten scharf braten. Aus der Pfanne nehmen und zugedeckt warm stellen.

4 Das Bratfett wegkippen und die Marinade durch ein Sieb in die Pfanne gießen. Die Crème double unterrühren und die Sauce bei starker Hitze um ein Drittel einkochen. Mit Salz, Pfeffer und Muskat abschmecken.

5 Die Hirschsteaks mit der Sauce und den Pistazien servieren.

Beilage: Spätzle oder Kartoffelknödel

Getränkeempfehlung: ein kräftiger württemberger Rotwein oder ein Syrah

Für 4 Personen

Zubereitungszeit: 30 Minuten

Pro Portion: 580 kcal, 42 g Eiweiß, 39 g Fett, 5 g Kohlenhydrate

Rehmedaillons in Steinpilzrahm

30 g getrocknete Steinpilze

3 EL Butterschmalz

12 Rehmedaillons (je ca. 60 g)

2 Schalotten, fein gehackt

1/8 l (125 ml) trockener Rotwein (z. B. Rioja, Barbera oder Chianti)

250 g Crème double

Salz

weißer Pfeffer aus der Mühle

1 Schuss Worcestersauce

1 Spritzer Zitronensaft

1/2 Kästchen Kresse

1 Die Steinpilze in 1/4 l kochendem Wasser überbrühen und 10 Minuten ziehen lassen.

2 In einer großen Pfanne das Butterschmalz erhitzen und die Rehmedaillons auf jeder Seite 2 Minuten bei starker Hitze braten. Herausnehmen und zugedeckt warm stellen.

3 Die Schalotten im verbliebenen Bratfett glasig dünsten. Die Steinpilze aus dem Wasser nehmen, klein schneiden und mit den Zwiebeln 5 Minuten dünsten. Den Rotwein zugießen und fast ganz einkochen lassen. Das Einweichwasser der Pilze mit der Crème double zufügen und um ein Drittel dicklich einkochen lassen.

4 Die Sauce mit Salz, Pfeffer, Worcestersauce und Zitronensaft abschmecken.

5 Die Rehmedaillons auf 4 vorgewärmten Tellern mit dem Steinpilzrahm anrichten. Die Kresse abbrausen, die Blättchen abschneiden und auf die Sauce streuen.

Beilage: Spätzle, Knödel (Fertigprodukt), Kartoffelplätzchen (Fertigprodukt)

Getränkeempfehlung: Rotwein, vorzugsweise die Sorte, die zum Kochen verwendet wurde

tipp

Anstelle der Steinpilze können auch Egerlinge verwendet werden, dann 250 g, blättrig geschnitten. Sie sind preiswerter, denn getrocknete Steinpilze sind ziemlich teuer. Wer aber des Geschmacks wegen nicht auf sie verzichten möchte, kann die Menge einfach halbieren.

Für 4 Personen

Zubereitungszeit: 15 Minuten, Marinierzeit: 30 Minuten

Pro Portion: 245 kcal, 32 g Eiweiß, 9 g Fett, 4 g Kohlenhydrate

Rehmedaillons mit Preiselbeer-Orangen-Sauce

4 Rehmedaillons (je ca. 70 g)

Salz

schwarzer Pfeffer aus der Mühle

abgeriebene Schale 1 unbehandelten Orange

200 g frische Preiselbeeren

1 Stückchen Zimtstange

1 Nelke

0,2 l (200 ml) Rotwein

etwas Zucker

1 EL Öl

10 g Butter

0,1 l (100 ml) Wildfond
(aus dem Glas)

1 Die Rehmedaillons salzen, pfeffern und mit der Hälfte der Orangenschale einreiben. Zugedeckt 30 Minuten stehen lassen.

2 Die Preiselbeeren mit Zimt, Nelke und der restlichen Orangenschale in einen kleinen Kochtopf geben. Mit Wein aufgießen und bei starker Hitze zum Kochen bringen. Die Kochplatte zurückschalten und die Preiselbeeren bei mittlerer Hitze zugedeckt 15 Minuten kochen lassen. Zum Schluss mit Zucker abschmecken.

3 In dieser Zeit Öl und Butter in einer beschichteten Bratpfanne erhitzen und die Rehmedaillons von beiden Seiten 2–3 Minuten braten.

4 Die Medaillons herausnehmen und mit Alufolie umhüllt warm stellen. Den Bratensatz mit Wildfond ablöschen, aufkochen lassen und unter die Preiselbeer-Orangen-Sauce geben. Kurz durchkochen lassen und mit frisch gemahlenem Pfeffer würzen. Die Fleischscheiben auf der Fruchtsauce anrichten.

Beilage: pürierter Rosenkohl in Rosenkohlblättern angerichtet, Orangenfilets und Bandnudeln

tipp

Anstelle der Preiselbeeren Cranberries verwenden, allerdings ist dann die Garzeit etwas kürzer. Cranberries sind verwandt mit Preiselbeeren und Moosbeeren und gehören zur Familie der Heidekrautgewächse. Beheimatet sind sie in Nordamerika.

Geschnetzeltes, Ragout und Gulasch

Schwein

Kalb und Rind

Lamm

Geflügel

Wild

Für 4 Personen

Zubereitungszeit: 30 Minuten

Pro Portion: 655 kcal, 34 g Eiweiß, 54 g Fett, 8 g Kohlenhydrate

Schweineragout mit Curry und Tomaten

750 g Schweineschulter

3 EL Öl

1 große Zwiebel, fein gehackt

2 EL Currypulver

Salz

schwarzer Pfeffer aus der Mühle

1 große Dose Tomaten (850 ml)

1 Lorbeerblatt

½ Bund Frühlingszwiebeln, in feine Ringe geschnitten

1. Das Fleisch in 1 cm große Würfel schneiden. Das Öl in einem breiten Topf erhitzen und das Fleisch darin portionsweise kräftig anbraten.
2. Die Zwiebelwürfel untermischen und mit dem Currypulver bestäuben. Kurz anschwitzen lassen, salzen und pfeffern.
3. Die Tomaten samt Saft zufügen, das Lorbeerblatt einlegen und aufkochen. Zugedeckt im geschlossenen Topf 20 Minuten köcheln lassen.
4. Inzwischen die Frühlingszwiebeln putzen, waschen und in schmale Ringe schneiden.
5. Das Schweineragout abschmecken und, falls nötig, nachwürzen. Die Frühlingszwiebeln unterheben.

Beilage: Butterreis mit Mandelblättchen und Blattsalat mit Kräutervinaigrette

Getränkeempfehlung: trockener Rosé aus Rioja oder von der Loire

Für 2 Personen

Zubereitungszeit: 30 Minuten

Pro Portion: 325 kcal, 24 g Eiweiß, 25 g Fett, 1 g Kohlenhydrate

Schweinefilet mit Chinakohl im Wok

1 kleiner Chinakohl (200 g), in feine Streifen geschnitten

250 g Schweinefilet

2 EL Sesamöl

1 TL frisch geraspelte **Ingwerwurzel**

1 TL mildes Currypulver

Salz

weißer Pfeffer aus der Mühle

2 EL Sojasauce

1 TL fein gehackte Cilantroblätter (Koriandergrün)

1 Vom Chinakohl die äußeren, welken Blätter entfernen, den Kohl halbieren und den harten Strunk herausschneiden. Das Gemüse in feine Streifen schneiden.

2 Das Schweinefilet waschen, trocken tupfen, von anhaftenden Haut- und Sehnenteilen befreien und in dünne Scheiben schneiden.

3 Das Öl in einem Wok oder einer hochwandigen Pfanne erhitzen. Nach und nach darin erst die Kohlstreifen, dann die Fleischscheiben unter ständigem Rühren anbraten.

4 Mit Ingwer, Curry, Salz, Pfeffer und Sojasauce würzen und mit Cilantroblättern bestreut sofort servieren.

Beilage: körnig gekochter Reis

Getränkeempfehlung: nicht allzu alkoholreicher Weißwein, zum Beispiel ein Gewürztraminer

tipp

Sie können anstelle von Chinakohl auch jungen Weißkohl verwenden.

Für 4 Personen

Zubereitungszeit: 25 Minuten

Pro Portion: 580 kcal, 41 g Eiweiß, 36 g Fett, 23 g Kohlenhydrate

Schweinegeschnetzeltes mit Banane und Kokos

4 Schweineschnitzel (à 180 g), geschnetzelt

3 EL Sojaöl

1 kleine Zwiebel, gewürfelt

3 TL Currypulver

3 EL Kokosflocken

Salz

weißer Pfeffer aus der Mühle

Saft von 1/2 Zitrone

5 EL Crème fraîche

2 Bananen, in Scheiben geschnitten

1 Die Schweineschnitzel trocken tupfen und quer in fingerbreite Streifen schneiden. Das Sojaöl in einer großen Pfanne mit hohem Rand erhitzen und darin die Fleischstreifen portionsweise anbraten.

2 Die Zwiebel schälen, in Würfel schneiden und unter das Fleisch mischen. Alles mit dem Currypulver bestäuben und anschwitzen.

3 Die Kokosflocken untermischen, salzen, pfeffern und den Zitronensaft mit der Crème fraîche dazugeben. Umrühren und 10 Minuten bei milder Hitze köcheln.

4 Inzwischen die Bananen schälen und in Scheiben schneiden. Kurz vor Ende der Garzeit unter das Geschnetzelte heben.

Beilage: Langkorn-Wildreis-Mischung

Getränkeempfehlung: trockener Rosé von der Loire

tipp

Bereiten Sie das Geschnetzelte auch mal mit Ananas anstelle der Bananen zu. Am besten schmeckt natürlich frische Ananas, aber wenn's ganz schnell gehen soll, können Sie auch Dosenananas verwenden.

Für 4 Personen

Zubereitungszeit:1 Stunde 30 Minuten

Pro Portion: 600 kcal, 23 g Eiweiß, 54 g Fett, 6 g Kohlenhydrate

Ungarisches Gulasch

500 g durchwachsenes Schweinefleisch (Schulter oder **Nacken),** gewürfelt

2 mittelgroße Zwiebeln, gewürfelt

100 g Schweineschmalz

1 TL Rosenpaprika, scharf

500 g gelbc oder grüne Paprikaschoten, in Streifen geschnitten

300 g reife Tomaten

Salz

1 Das Schweinefleisch kurz waschen, trocken tupfen und wie die geschälten Zwiebeln in Würfel schneiden. Das Schmalz in einem Schmortopf zerlassen und die Zwiebelwürfel unter Rühren darin glasig braten. Das Paprikapulver darüberstreuen und sofort die Fleischwürfel hinzufügen. Bei milder Hitze 1 Stunde schmoren lassen. Wenn alle Flüssigkeit verdunstet ist, etwa 1/2 Tasse Wasser dazugeben.

2 Die Paprikaschoten vierteln, entkernen, waschen und in Streifen schneiden. Die Tomaten überbrühen, häuten, vierteln und das harte gelbe Mark entfernen. Paprika- und Tomatenstücke zu dem Fleisch geben und alles zugedeckt bei leichter Hitze weitere 20 Minuten schmoren lassen. Das Gulasch mit Salz abschmecken und anrichten.

Beilage: Spätzle oder Salzkartoffeln

Getränkeempfehlung: kräftiger roter Landwein

tipp

Ungarisches Paprikapulver wird mit folgenden Benennungen in den Handel gebracht – die Schärfe ist dabei abnehmend: Rosenpaprika scharf – halbsüß – edelsüß – delikatess – extra.

Für 4 Personen

Zubereitungszeit: 45 Minuten

Pro Portion: 550 kcal, 26 g Eiweiß, 39 g Fett, 24 g Kohlenhydrate

Kalbsgeschnetzeltes mit Bohnen

400 g Kalbsfilet

300 g frische Dicke Bohnen (Puff- oder Saubohnen)

Salz

weißer Pfeffer aus der Mühle

3 EL Traubenkernöl

100 g frische Kokosraspel

Milch von 1 Kokosnuss

1/4 l (250 ml) Rinderbrühe

250 g Crème fraîche

1 Stängel frisches Zitronengras, ersatzweise etwas frisch geriebene Ingwerwurzel

1 Bund Basilikum

1. Das Kalbsfilet trocken tupfen und in feine Streifen schneiden. Die Bohnen auspalen und in kochendem Salzwasser etwa 1 Minuten blanchieren. Anschließend abgießen, mit kaltem Wasser abschrecken und die äußere grüne Haut abziehen.
2. Die Fleischstreifen mit Salz und Pfeffer würzen. Das Öl in einer Pfanne erhitzen, das Fleisch darin anschwitzen und wieder herausnehmen. Bohnen und Kokosraspel in das Bratfett geben, anschwitzen, mit Salz und Pfeffer würzen und das Fleisch wieder hinzufügen. Mit Kokosmilch, Brühe und Crème fraîche ablöschen und sämig einkochen lassen.
3. Zitronengras und Basilikum in feine Streifen schneiden und zum Schluss unter das Geschnetzelte mischen. Gleich anrichten.

Beilage: Nudeln

Getränkeempfehlung: halbtrockener Riesling, z. B. von der Mosel oder aus dem Rheingau

Für 4 Personen

Zubereitungszeit: 30 Minuten

Pro Portion: 355 kcal, 26 g Eiweiß, 26 g Fett, 3 g Kohlenhydrate

Filetgeschnetzeltes mit Pilzen

500 g Rinderfilet

3 EL Öl

2 kleine Zwiebeln, fein gewürfelt

150 g Champignons, blättrig geschnitten

1 EL Butter

5 cl (50 ml) Weißwein

1 Essiggurke, fein geschnitten

125 g Crème fraîche

1 TL scharfer Senf

Salz

schwarzer Pfeffer aus der Mühle

1 Das Rinderfilet gut abtrocknen und in kurze, dicke Streifen schneiden. Das Öl in einer Pfanne erhitzen und das Fleisch darin schnell durchbraten, es soll innen noch rosa sein. Aus der Pfanne nehmen und warm stellen.

2 Die geschälten Zwiebeln in feine Würfel schneiden. Die Champignons putzen, die Stielenden abschneiden und die Pilze in dünne Scheibchen schneiden.

3 Die Butter zu dem Bratfett in die Pfanne geben und erhitzen. Die Zwiebeln darin glasig braten und die Champignons hinzufügen. Kurz durchrösten und mit dem Weißwein aufgießen.

4 Die Gurke in feine Streifen schneiden, Crème fraîche und Senf miteinander verrühren, zu den Pilzen geben und die Sauce einkochen lassen. Das Fleisch zu den Pilzen geben und noch einmal aufkochen lassen. Mit Salz und Pfeffer pikant abschmecken.

Beilage: kleine Bratkartoffeln oder Rösti

Getränkeempfehlung: Müller-Thurgau aus der Pfalz oder trockener Grauburgunder

Für 4 Personen

Zubereitungszeit: 1 Stunde

Pro Portion: 235 kcal, 27 g Eiweiß, 11 g Fett, 6 g Kohlenhydrate

Budapester Kalbsgulasch

2 kleine rote Paprikaschoten, fein gewürfelt

250 g Zwiebeln, fein gewürfelt

50 g magerer roher Schinken, fein gewürfelt

2 EL Öl

400 g Kalbsgulasch

Salz

schwarzer Pfeffer aus der Mühle

1 EL Paprika, edelsüß

1 TL gerebelter **Majoran**

1/2 l (500 ml) Fleischbrühe (aus Extrakt)

2 EL saure Sahne

1 EL frisch gehackte **Petersilie**

1 Die Paprikaschoten halbieren, entkernen, die Zwiebeln schälen. Beide Gemüse und den Schinken in kleine Würfel schneiden.

2 Das Öl in einem Schmortopf erhitzen und darin Zwiebel-, Paprika- und Schinkenwürfel einige Minuten bei mittlerer Hitze anschwitzen.

3 Das Fleisch dazugeben, mit Salz, Pfeffer, Paprika und Majoran würzen, gründlich vermischen und anbraten. Mit Brühe aufgießen und zugedeckt bei schwacher Hitze etwa 30 Minuten köcheln lassen.

4 Zum Schluss die saure Sahne untermischen, kurz durchkochen lassen und das Gulasch mit Petersilie bestreuen.

Beilage: Salzkartoffeln oder Nudeln und grüner Salat

Getränkeempfehlung: ein weißer Pinot Grigio aus dem Friaul oder ein ungarischer Sauvignon Blanc

tipp

Kocht man eine in kleine Würfel geschnittene Kartoffel mit, wird das Gulasch noch sämiger.

Für 4 Personen

Zubereitungszeit: 30 Minuten

Pro Portion: 465 kcal, 35 g Eiweiß, 30 g Fett, 4 g Kohlenhydrate

Geschnetzeltes vom Kalb mit Austernpilzen

600 g Kalbfleisch aus der Keule

3 EL Öl

1 mittelgroße Zwiebel, fein gehackt

400 g Austernpilze

1/4 l (250 ml) trockener Weißwein

200 g Sahne

Salz

weißer Pfeffer aus der Mühle

1 TL Worcestersauce

1 TL getrockneter **Thymian**

1 Bund glatte Petersilie, fein gehackt

1 Das Kalbfleisch waschen, trocken tupfen und in fingerdicke Streifen schneiden. Das Öl in einer breiten Pfanne erhitzen und die Fleischstreifen darin portionsweise kräftig anbraten. Herausnehmen und zugedeckt beiseite stellen.

2 Die Zwiebelwürfel im verbliebenen Bratfett glasig dünsten.

3 Die Austernpilze putzen und in schmale Streifen schneiden. Zu den Zwiebeln in die Pfanne geben und bei mittlerer Hitze dünsten, bis fast alle Flüssigkeit verdampft ist. Mit dem Weißwein aufgießen und knapp um die Hälfte einkochen lassen. Die Sahne unterrühren, aufkochen und mit Salz, Pfeffer, Worcestersauce und Thymian würzen.

4 Die Fleischstreifen mitsamt dem ausgetretenen Fleischsaft zufügen und erwärmen.

5 Die Petersilie abbrausen, trocken tupfen, fein hacken und einstreuen.

Beilage: Kartoffelpüree und Salat

Getränkeempfehlung: trockener Weißwein, z. B. Riesling aus dem Elsass

Für 4 Personen

Zubereitungszeit: 1 Stunde 30 Minuten, Marinierzeit: einige Stunden

Pro Portion: 285 kcal, 31 g Eiweiß, 3 g Fett, 12 g Kohlenhydrate

Lammtopf mit Zuckerschoten

500 g Lammfleisch aus der Schulter

1 Lammknochen

1 Lorbeerblatt

1 Zweig Thymian

einige Estragonblätter

1/2 Bund Petersilie

6 Pfefferkörner

1/2 unbehandelte Zitrone, in Scheiben geschnitten

1 Bund Suppengrün

1/2 l (500 ml) Weißwein

Salz

200 g Zuckerschoten

2 EL Crème fraîche

1 Eigelb

2 EL frisch gehackter **Kerbel**

1. Das Lammfleisch waschen, trocken tupfen und in große Würfel schneiden. Mit dem Lammknochen in eine Schüssel geben. Kräuter, Pfefferkörner, die in Scheiben geschnittene Zitrone und das gewaschene, zusammengebundene Suppengrün hinzufügen und mit Wein begießen. Zugedeckt einige Stunden, am besten über Nacht, marinieren.
2. Das Fleisch mitsamt der Marinade in einen Schmortopf geben, salzen und bei schwacher Hitze etwa 1 Stunde köcheln lassen. In der Zwischenzeit die Zuckerschoten waschen und an den Enden abknipsen.
3. Das Fleisch mitsamt der Flüssigkeit auf ein Sieb schütten, dabei die Brühe auffangen und zugedeckt beiseite stellen.
4. Die Fleischbrühe zurück in den Topf geben, zum Kochen bringen und die Zuckerschoten darin in etwa 3–4 Minuten al dente kochen. Mit einem Schaumlöffel aus der Brühe heben und zum Fleisch geben.
5. Die Crème fraîche in die Kochflüssigkeit rühren und bei starker Hitze ein wenig einkochen lassen. Dann das Fleisch und die Zuckerschoten hineingeben, vorsichtig vermischen und mit dem verquirlten Eigelb legieren.
6. Das Ragout noch einmal erwärmen, aber keinesfalls kochen lassen, und den fein gehackten Kerbel untermischen. Bei Bedarf mit Salz, Pfeffer und Zitronensaft abschmecken.

Beilage: körnig gekochter Reis

tipp

Das Ragout schmeckt auch vorzüglich, wenn Sie anstelle der Zuckerschoten junge, in dicke Scheiben geschnittene Möhren verwenden.

Für 4 Personen

Zubereitungszeit: 25 Minuten

Pro Portion: 530 kcal, 28 g Eiweiß, 44 g Fett, 4 g Kohlenhydrate

Lammgeschnetzeltes mit Paprikastreifen

600 g Lammfleisch aus der Keule oder **dem Rücken**

3 EL Olivenöl

1 große Zwiebel, fein gehackt

3 Knoblauchzehen, geschält

1 Glas rote, abgezogene Paprikaschoten (200 g Abtropfgewicht)

Salz

schwarzer Pfeffer aus der Mühle

1 Msp. Cayennepfeffer

1 TL Paprika, edelsüß

3 EL Tomatenmark

4 EL Crème fraîche

Saft von 1/2 Zitrone

1 Bund glatte Petersilie

1 Das Fleisch waschen, trocken tupfen und erst in Scheiben, dann in fingerbreite Streifen schneiden.

2 Das Olivenöl in einem breiten Topf oder einer Pfanne mit hohem Rand erhitzen. Die Fleischstreifen darin portionsweise kurz, aber kräftig anbraten.

3 Die Zwiebelwürfel unter das Fleisch mischen. Knoblauchzehen schälen und dazupressen.

4 Die Paprikaschoten abtropfen lassen, in schmale Streifen schneiden und untermischen. Alles mit Salz, Pfeffer, Cayennepfeffer und Paprika würzen. Das Tomatenmark, die Crème fraîche und den Zitronensaft unterrühren und alles 10 Minuten köcheln.

5 Die Petersilie abbrausen und trocken tupfen. Die Blättchen direkt über dem Topf abzupfen und vor dem Servieren unterheben.

Beilage: Kartoffelplätzchen oder Spätzle

Getränkeempfehlung: kräftiger Rotwein, z. B. Rioja oder Barbaresco

Für 4 Personen

Zubereitungszeit: 45 Minuten

Pro Portion: 475 kcal, 31 g Eiweiß, 31 g Fett, 18 g Kohlenhydrate

Lammragout mit Artischocken und Zitronensauce

8 kleine junge Artischocken (je ca. 80 g)

Saft von 1 Zitrone

500 g Lammfleisch aus der Keule

Salz

schwarzer Pfeffer aus der Mühle

2 Schalotten, fein gewürfelt

1 Knoblauchzehe, fein gewürfelt

2 EL Öl

1/8 l (125 ml) Kalbsfond (aus dem Glas)

Zitronensauce

2 Eiweiß

Salz

Saft von 1 Zitrone

2 Eigelb

1 EL gehackte **Petersilie**

1 Von den Artischocken die Stiele abbrechen und den Stielansatz sofort mit Zitronensaft beträufeln, damit er nicht schwarz wird. Die unteren Blätter sowie die Blattspitzen abschneiden. Die Artischocken halbieren, das Heu entfernen und die Hälften sofort in Zitronenwasser legen.

2 Das Lammfleisch waschen, trocken tupfen, in etwa 3 cm große Würfel schneiden und mit Salz und Pfeffer würzen.

3 Schalotten und Knoblauch schälen und in kleine Würfel schneiden. Das Öl in einer hochwandigen, beschichteten Pfanne erhitzen und Schalotten- und Knoblauchwürfel darin bei mittlerer Hitze glasig braten.

4 Die Fleischwürfel und die gut abgetropften Artischockenhälften dazugeben und unter Rühren 5 Minuten anbraten. Mit dem Kalbsfond aufgießen und das Ragout zugedeckt bei schwacher Hitze in etwa 30 Minuten gar werden lassen.

5 Für die Zitronensauce Eiweiß mit etwas Salz zu steifem Schnee schlagen und nach und nach Zitronensaft, Eigelb und Petersilie unterrühren. Die Schaummasse unter das Ragout heben, noch einmal kurz erwärmen, aber keinesfalls kochen lassen.

Von den Artischocken die Blätter abschneiden, die Herzen halbieren, das Heu entfernen.

Fleischwürfel und Artischocken anbraten, mit Kalbsfond aufgießen und garen.

Die Schaummasse unter das Ragout heben, noch einmal kurz erwärmen.

Für 4 Personen

Zubereitungszeit: 1 Stunde

Pro Portion: 422 kcal, 58 g Eiweiß, 13 g Fett, 25 g Kohlenhydrate

Lammragout in Rotweinsauce

1 kg Lammfilet

4 Knoblauchzehen

4 Möhren, in Scheiben geschnitten

6 Fleischtomaten, gehäutet und geschnitten

1 rote Paprikaschote, in Streifen geschnitten

2 Gemüsezwiebeln, fein gehackt

2 Stangen Porree, in Scheiben geschnitten

2 Zweige Thymian

2 Zweige Rosmarin

2 Zweige Majoran

Extrakt für 3/8 l (375 ml) Fleischbrühe

Öl

Salz

Cayennepfeffer

2 große Lorbeerblätter

20 g Mehl

1/8 l (125 ml) Rotwein

1 Das Lammfilet in Würfel schneiden.

2 Die Knoblauchzehen abziehen und zerdrücken. Die Möhren waschen, putzen und in Scheiben schneiden. Die Tomaten mit kochendem Wasser überbrühen, abziehen, den Strunk entfernen, das Fruchtfleisch in Stücke schneiden. Die Paprikaschote waschen, putzen, den Strunk und die Kerne entfernen und in Streifen schneiden. Die Zwiebeln abziehen und fein hacken. Den Porree waschen, putzen und in Scheiben schneiden. Die Kräuter waschen, trocken tupfen und klein schneiden.

3 Den Fleischbrüheextrakt in 3/8 Liter Wasser auflösen.

4 Das Öl in einer Pfanne erhitzen, die Lammfiletwürfel anbraten und mit Salz und Cayennepfeffer würzen (höchstens eine Messerspitze nehmen, Cayennepfeffer würzt stark durch). Das Lammfilet in einen Topf geben, Gemüse und Kräuter sowie die Lorbeerblätter dazugeben, mit der Brühe auffüllen. Das Lammragout bei geschlossenem Topf 1/2 Stunde bei schwacher Hitze kochen.

5 Die Brühe in einen anderen Topf abgießen. Das Mehl mit etwas Wasser glatt rühren. Die Brühe aufkochen, mit Mehl andicken, mit Salz, Cayennepfeffer und Rotwein abschmecken. Das Ragout in eine Schüssel füllen und die Sauce darübergeben.

Beilage: Salzkartoffeln, Speckknödel, Baguette

tipp

Lammfilets sind sehr klein und dünn. Man rechnet pro Person mit 2 Filets.

Für 2 Personen

Zubereitungszeit: 20 Minuten

Pro Portion: 360 kcal, 34 g Eiweiß, 15 g Fett, 11 g Kohlenhydrate

Pfannengerührtes Hähnchenfleisch

250 g Hähnchenbrustfleisch

1 EL Sesamöl

300 g tiefgekühltes Chinagemüse

etwas frisch geraspelte **Ingwerwurzel**

2 EL Sojasauce

4 EL Reiswein oder **trockenen Sherry** (Fino)

Salz

schwarzer Pfeffer aus der Mühle

1 Das Hähnchenfleisch quer zur Faser in dünne Scheiben schneiden.

2 Das Sesamöl in einem Wok oder in einer hochwandigen, beschichteten Pfanne erhitzen und das tiefgekühlte Gemüse darin unter Rühren anbraten.

3 Nach und nach die Fleischscheiben dazugeben und unter ständigem Weiterrühren mitbraten. Mit Ingwer bestreuen und mit Sojasauce und Reiswein oder Sherry aufgießen. Kurz durchkochen lassen und mit Salz und Pfeffer abschmecken.

Beilage: Reis oder Glasnudeln

Getränkeempfehlung: Jasmintee

tipp

Sie können das Gericht auch mit gerösteten Sesamkörnern bestreuen.

Für 4 Personen

Zubereitungszeit: 30 Minuten

Pro Portion: 630 kcal, 39 g Eiweiß, 46 g Fett, 4 g Kohlenhydrate

Omelett mit Hähnchenfleisch

250 g Hähnchenbrustfilet

200 g Chinakohl, fein zerkleinert

2 Lauchzwiebeln, fein zerkleinert

50 g frische Shiitake-Pilze, fein zerkleinert

Salz

Pfeffer aus der Mühle

1/4 TL Paprikapulver, edelsüß

1/2 TL Speisestärke

2 EL Erdnussöl

3 EL Geflügelfond (aus dem Glas)

1 EL gehackter Dill (frisch oder tiefgekühlt)

12 Eier

80 Butter oder Margarine

1 Für die Füllung das Hähnchenfilet in feine Streifen schneiden. Chinakohl, Lauchzwiebeln und Pilze putzen, alle fein zerkleinern. Salz, Pfeffer, Paprika und Speisestärke mit 2 EL Wasser verrühren.

2 Das Öl erhitzen, die Fleischstreifen, Gemüse und Pilze darin bei starker Hitze unter Rühren anbraten. Den Geflügelfond zugeben und alles bei schwacher Hitze etwa 5 Minuten garen. Angerührte Speisestärke unterrühren und aufkochen. Den Dill untermischen und die Füllung warm halten.

3 Eier und 1/2 TL Salz mit einem Schneebesen verrühren. In einer Pfanne etwas Fett erhitzen und 1/4 der Eimasse einfüllen. Zugedeckt bei schwacher Hitze stocken lassen.

4 Das Omelett mit einem Viertel der Hähnchenfüllung belegen, dann zusammenklappen und auf einen Teller gleiten lassen. Die restlichen Omeletts nacheinander backen und füllen.

Getränkeempfehlung: Weißweinschorle oder eine Pfirsichbowle: reife, geschälte Pfirsichstücke in etwas Weißwein 1 Stunde ziehen lassen, mit Weißwein oder Sekt auffüllen

Für 4 Personen

Zubereitungszeit: 30 Minuten

Pro Portion: 295 kcal, 33 g Eiweiß, 12 g Fett, 6 g Kohlenhydrate

Chinesische Hühnerpfanne aus dem Wok

500 g Hühnerfleisch, ohne Haut und Knochen

2 EL Speisestärke

1 Stück Ingwerwurzel (ca. 2 cm), fein gewürfelt

2 Knoblauchzehen, fein gewürfelt

1 Bund Frühlingszwiebeln, in feine Ringe geschnitten

150 g Sojasprossen, frisch oder aus dem Glas

4 EL Sojaöl

6 cl (60 ml) trockener Sherry (Fino)

6 EL Sojasauce

Salz

weißer Pfeffer aus der Mühle

1 Das Hühnerfleisch in schmale Streifen schneiden, Speisestärke darüberstäuben und fest einmassieren.

2 Ingwerwurzel und Knoblauchzehen schälen und sehr fein hacken. Die Frühlingszwiebeln putzen, waschen und in feine Ringe schneiden. Die Sojasprossen abbrausen oder abtropfen lassen.

3 Das Sojaöl in einem Wok oder einer breiten Pfanne erhitzen. Das Hühnerfleisch darin rundum kräftig anbraten und herausnehmen.

4 Ingwerwurzel, Knoblauch, Frühlingszwiebeln und Sojasprossen im verbliebenen Sojaöl unter Rühren 8 Minuten dünsten. Sherry und Sojasauce untermischen, einmal aufkochen, salzen, pfeffern und die Hühnerstreifen einrühren.

Beilage: Reis oder Glasnudeln

Getränkeempfehlung: grüner Tee, wenn es ganz original sein soll

Für 4 Personen

Zubereitungszeit: 30 Minuten

Pro Portion: 675 kcal, 61 g Eiweiß, 42 g Fett, 4 g Kohlenhydrate

Gratinierte Hühnerbrust mit Mandeln

8 Hühnerbrustfilets (je ca. 110 g)

3 EL Butter

Salz

weißer Pfeffer aus der Mühle

80 g Mandelstifte

2 Knoblauchzehen, geschält

1 Bund glatte Petersilie, fein gehackt

200 ml Sahne

100 g Emmentaler, fein gerieben

1 Prise Muskatnuss, frisch gerieben

1 Die Hühnerbrustfilets sorgfältig von Häutchen und Fettstücken befreien. In einer Pfanne 2 EL Butter schmelzen und die Filets darin kräftig anbraten. Salzen und pfeffern.

2 Die Mandelstifte in eine kleine Schüssel geben. Den Knoblauch durch die Knoblauchpresse dazudrücken. Petersilie, Sahne und Emmentaler zufügen und alles gut verrühren. Mit Salz, Pfeffer und Muskat würzen.

3 Den Backofen auf 200°C (Umluft 170°C, Gas Stufe 3) vorheizen. Eine Auflaufform mit der restlichen Butter einfetten und die Filets nebeneinander hineinlegen. Die Mandel-Käse-Mischung gleichmäßig darauf verteilen.

4 Die Auflaufform auf die mittlere Schiene des Backofens stellen und 20 Minuten überbacken. In der Form servieren.

Beilage: Kartoffelpüree und ein knackiger Blattsalat

Getränkeempfehlung: trockener Weißwein, z. B. Grauburgunder aus Baden

Für 4 Personen

Zubereitungszeit: 50 Minuten

Pro Portion: 320 kcal, 40 g Eiweiß, 13 g Fett, 6 g Kohlenhydrate

Spinatcurry mit Hähnchen

600 g Hähnchenbrustfilet

2 Zwiebeln, gewürfelt

2 Knoblauchzehen, geschält

1 walnussgroßes Stück frischer Ingwer

500 g zarter Blattspinat

2–3 aromatische Tomaten

4 EL Ghee oder Butterschmalz

je 1 TL Kreuzkümmel-, Koriander- und Kurkumapulver

je 1 gute Prise Chili- und Kardamompulver

1 EL Tomatenmark

4 EL Joghurt

Salz

1 rote Chilischote

einige Koriander- oder Petersilienblättchen

1 Die Hähnchenbrustfilets abspülen, trocken tupfen und in etwa 2 x 4 cm große Streifen schneiden. Zwiebeln und Knoblauch schälen. Zwiebel in Würfel schneiden, Knoblauch durch die Presse drücken. Ingwer dünn schälen und fein reiben. Den Spinat gründlich waschen, putzen und in etwa 3 cm breite Streifen schneiden. Tomaten überbrühen, häuten, Stielansätze und Kerne entfernen und die Tomaten in Würfel schneiden.

2 Ghee oder Butterschmalz in einem Topf mit breitem Boden erhitzen. Hähnchenfleisch, Zwiebeln, Knoblauch und Ingwer darin 3–5 Minuten goldbraun anbraten. Die Gewürze hinzufügen und unter Rühren 2 Minuten mitbraten.

3 Spinat und Tomaten untermengen. 200 ml Wasser sowie das Tomatenmark und den Joghurt unterrühren und mit Salz würzen. Das Gericht zugedeckt bei schwacher bis mittlerer Hitze 15–20 Minuten köcheln, bis das Fleisch gar ist.

4 Inzwischen die Chilischote waschen und putzen. Die Schote halbieren, Samen entfernen und das Schotenfleisch längs in feine Streifen schneiden. Das fertige Spinatcurry mit den Chilistreifen und den Korianderblättchen bestreuen und servieren.

Getränkeempfehlung: Pils oder ein exotischer Fruchtsaft

tipp

Ghee, das indische Butterschmalz, wird in asiatischen Lebensmittelgeschäften verkauft. Es besitzt ein ganz besonderes, nussartiges Aroma und hält sich im Kühlschrank über mehrere Jahre.

Für 4 Personen

Zubereitungszeit: 1 Stunde

Pro Portion: 460 kcal, 38 g Eiweiß, 28 g Fett, 6 g Kohlenhydrate

Hirschpfeffer mit Aceto Balsamico und Walnüssen

800 g Hirschfleisch aus der Schulter

1 Bund Frühlingszwiebeln, in feine Ringe geschnitten

250 g Austernpilze, in Streifen geschnitten

2 EL Öl

6 EL Aceto Balsamico oder **Rotweinessig**

1/2 l (500 ml) Wildfond (aus dem Glas)

150 g Crème fraîche

Salz

schwarzer Pfeffer aus der Mühle

1 TL Korianderkörner, zerdrückt

100 g Walnusshälften

1 Das Hirschfleisch in Würfel von 1,5 cm Kantenlänge schneiden. Die Frühlingszwiebeln putzen, waschen und in Ringe schneiden. Die Austernpilze putzen, waschen, trocken tupfen und in Streifen schneiden.

2 Öl in einem Schmortopf erhitzen und die Fleischwürfel darin portionsweise kräftig anbraten. Wieder in den Topf geben und die Hälfte der Frühlingszwiebeln sowie die Austernpilze zufügen. Alles kurz andünsten. Mit dem Essig beträufeln, mit Wildfond aufgießen und die Crème fraîche unterrühren. Aufkochen.

3 Das Ragout mit Salz, Pfeffer und Korianderkörnern würzen und zugedeckt 40 Minuten schmoren.

4 Die restlichen Frühlingszwiebeln mit den Walnüssen untermischen und den Hirschpfeffer nochmals abschmecken.

Beilage: Bandnudeln und Gemüse

Getränkeempfehlung: kräftiger Rotwein, z. B. Rioja, Barbera

Für 4 Personen

Zubereitungszeit: 2 Stunden

Pro Portion: 450 kcal, 40 g Eiweiß, 41 g Fett, 3 g Kohlenhydrate

Hirschgulasch

600 g Hirschfleisch von Vorderblatt, Hals oder **Rippen**

100 g Schweinehackfleisch

2 mittelgroße Zwiebeln, fein gehackt

100 g durchwachsener geräucherter Speck

1 Ei

1 EL Semmelbrösel

Wildgewürz

Salz

½ Tasse Öl

2 EL Sahne

Sojasauce

20–30 g Mehl

1 EL Weinbrand

1 500 g Hirschfleisch in Würfel schneiden. Die restlichen 100 g 2-mal durch die mittlere Scheibe eines Fleischwolfs drehen und in eine Schale geben. Das Schweinehack dazumischen.

2 Die Zwiebeln abziehen, klein hacken und zum Hackfleisch geben. Den Speck in kleine Würfel schneiden. Das Ei aufschlagen und zusammen mit Semmelbröseln, Wildgewürz und Salz zum Hackfleisch geben, vermengen und mit feuchten Händen mundgerechte Klöße rollen. Die Hälfte des Öls in einer Bratpfanne erhitzen und bei mittlerer Hitze die Fleischklöße von allen Seiten braun braten. Die Klöße aus der Pfanne nehmen und zur Seite stellen.

3 Das gewürfelte Hirschfleisch mit Wildgewürz und Salz würzen. Das restliche Öl in die Pfanne geben, den gewürfelten Speck in der Pfanne auslassen und das Fleisch darin anbraten. 1 Tasse Wasser hinzugießen und das Gulasch ¾ Stunde mit geschlossenem Deckel bei mittlerer Hitze schmoren lassen.

4 Den Sud mit Wasser zu ½ l auffüllen, die Sahne hinzufügen, die Sauce mit Sojasauce würzen. Das Mehl mit Wasser glatt rühren. Das Gulasch aufkochen, andicken und abschmecken. Die Fleischklöße einlegen, erwärmen, aber nicht kochen, und den Weinbrand unterrühren.

tipp

Fleischteile, die weniger begehrt und daher preiswerter sind (z. B. Schulter oder Blatt, Hals, Rippen) eignen sich hervorragend für Gulasch. Besonders schmackhaft wird das Gulasch, wenn man angebratene Waldpilze mitschmort.

Für 4 Personen

Zubereitungszeit: 25 Minuten

Pro Portion: 1385 kcal, 47 g Eiweiß, 123 g Fett, 6 g Kohlenhydrate

Rehgeschnetzeltes mit Shiitake-Pilzen

4 Rehsteaks (zu je 200 g)

50 g durchwachsener geräucherter Speck, gewürfelt

1 EL Öl

2 Schalotten, fein gehackt

400 g Shiitake-Pilze, in feine Ringe geschnitten

4 cl (40 ml) Portwein

250 g Crème double

Salz

schwarzer Pfeffer aus der Mühle

1 Prise Muskat, frisch gerieben

1 Frühlingszwiebel, blättrig geschnitten

1. Die Rehsteaks quer zur Faser in sehr schmale Streifen, den Speck in Würfel schneiden.
2. Das Öl in einer breiten Pfanne mit hohem Rand erhitzen und das Fleisch bei starker Hitze portionsweise kurz und kräftig darin anbraten. Herausnehmen und zugedeckt beiseite stellen. Die Speckwürfel im verbliebenen Bratfett anbraten, Schalotten zugeben und glasig dünsten.
3. Inzwischen Pilze putzen und in sehr schmale Streifen schneiden. In die Pfanne geben und dünsten, bis fast alle Flüssigkeit verdampft ist, etwa 8 Minuten. Mit Portwein ablöschen und fast ganz einkochen lassen.
4. Die Crème double unterrühren und um ein Drittel einkochen.
5. Die Sauce mit Salz, Pfeffer und Muskat abschmecken und das Rehfleisch samt ausgetretenem Fleischsaft untermischen und erwärmen.
6. Die Frühlingszwiebel putzen, waschen und in sehr schmale Ringe schneiden. Die Hälfte davon untermischen.
7. Zum Anrichten das Rehgeschnetzelte mit Zwiebelringen bestreuen.

Getränkeempfehlung: leichter Rotwein, z. B. Lemberger oder Trollinger aus Württemberg

tipp

Auch Rinderfilet kann so zubereitet werden, außerdem schmeckt die Sauce auch ausgezeichnet zu Spaghetti.

Für 4 Personen

Zubereitungszeit: 45 Minuten, Marinierzeit: 5 – 6 Tage

Pro Portion: 575 kcal, 48 g Eiweiß, 24 g Fett, 14 g Kohlenhydrate

Rehpfeffer mit Pilzen

750 g Rehfleisch ohne Knochen (Schlegel oder Keule)

Marinade

$^1/_2$ l (500 ml) Rotwein

0,1 l (100 ml) roter Weinessig

2 EL Cognac oder Weinbrand

6 Wacholderbeeren

6 schwarze Pfefferkörner

1 mittelgroße Möhre

1 Zweig Selleriekraut

1 Zweig Thymian

1 mittelgroße Zwiebel, in Stücke geschnitten

Rehpfeffer

150 g Pfifferlinge oder andere Pilze

150 g frische Perlzwiebeln

50 g geräucherter durchwachsener Speck

2 EL Butterschmalz

1 Stück Speckschwarte (vom geräucherten Speck)

1 EL Zucker

0,1 l (100 ml) Wildfond (aus dem Glas)

2 Scheiben entrindetes Weißbrot

2 EL Butter

Salz

Pfeffer

0,1 l (100 ml) Reh- oder Rinderblut

2 EL Sahne

1 TL gehackter **Thymian**

1 Das Fleisch in 2$^1/_2$ cm große Würfel schneiden und in eine Schüssel legen. Wacholderbeeren und Pfefferkörner mit der Klinge eines großen Messers leicht zerdrücken.

2 Für die Marinade alle Zutaten mischen und über das Fleisch gießen. Zugedeckt 5 – 6 Tage im Kühlschrank marinieren lassen. Jeden Tag 2-mal wenden.

3 Die Pilze putzen, die Perlzwiebeln schälen und den Speck in feine Streifen schneiden.

4 Die Rehwürfel aus der Marinade nehmen und mit Küchenpapier abtupfen. Das Butterschmalz in einer Bratkasserolle erhitzen. Das Fleisch und die Speckschwarte hineingeben und rasch anbraten. Die Marinade passieren. $^1/_4$ l davon zum Fleisch geben. 1 Stunde bei schwacher Hitze köcheln lassen.

5 Den Zucker in einem Bratpfännchen erhitzen, bis er braun wird. Mit der restlichen Marinade ablöschen. Zu den Fleischwürfeln geben und aufkochen. Die Fleischwürfel mithilfe einer Gabel aus der Kasserolle nehmen und zugedeckt, am besten im Ofen, warm stellen.

6 Die Sauce mit dem Wildfond mischen und bei starker Hitze auf die Hälfte einkochen.

7 Inzwischen das Brot in kleine Würfel schneiden und in 1 EL Butter hellgelb rösten. Die restliche Butter in einer Bratpfanne erhitzen. Die Perlzwiebeln und die Pilze hineingeben und bei mittlerer Hitze anbraten. Die Speckstreifen zufügen.

8 Das Reh- oder Rinderblut mit der Sahne gut mischen. Zur Sauce geben. Nicht mehr kochen lassen, sondern bei schwacher Hitze rühren, bis die Sauce gebunden ist. Sollte sie zu dick werden, ein wenig Brühe angießen. Mit Salz, Pfeffer und Thymian abschmecken. Die Fleischwürfel mit der heißen Sauce mischen, anrichten und mit den Perlzwiebeln, den Pilzen, den Speckstreifen und den Brotwürfeln garnieren.

Für 4 Personen

Zubereitungszeit: 25 Minuten

Pro Portion: 395 kcal, 32 g Eiweiß, 21 g Fett, 11 g Kohlenhydrate

Wildgeschnetzeltes mit Weintrauben

250 g weiße, rote oder gemischte Weintrauben

100 g Schalotten, gewürfelt

600 g Wildfleisch (Reh, Wildhase, Hirsch), ohne Knochen

2 EL Butterschmalz

Salz

schwarzer Pfeffer aus der Mühle

1 EL Marc (französischer Tresterbrand), **Cognac oder Weinbrand**

2 EL trockener Weißwein

125 g Sahne

1 TL Butter

1 TL gehackter **Majoran**

1 Das Fleisch mindestens 1/2 Stunde vor der Zubereitung aus dem Kühlschrank nehmen.

2 Die Weintrauben abstreifen, waschen, kurz mit kochendem Wasser überbrühen und sorgfältig schälen, dann halbieren und entkernen. Die Schalotten schälen und hacken. Das Fleisch erst unmittelbar vor dem Braten in kleine Scheiben schneiden, damit es nicht zu viel Saft verliert.

3 1 EL Butterschmalz in einer großen Bratpfanne erhitzen. Das Fleisch hineingeben und rasch anbraten. Aus der Pfanne nehmen und warm stellen. Leicht salzen und pfeffern. Den Bratfond mit Marc, Cognac oder Weinbrand loskochen und abgießen.

4 Die restliche Butter in die saubere Pfanne geben, die Schalotten zufügen und unter mehrmaligem Wenden braten, ohne dass sie Farbe annehmen. Den Weißwein zugeben und 1–2 Minuten einkochen lassen. Die Sahne zufügen und so lange reduzieren, bis die Sauce sämig wird. Das Fleisch beigeben und mit Salz und Pfeffer abschmecken. Nicht mehr kochen, nur bei schwacher Hitze warm halten.

5 Die Butter erwärmen. Die Weintrauben zugeben und unter Wenden erhitzen. Beeren mit Fleisch mischen und anrichten. Mit Majoran bestreuen.

Beilage: Gnocchi, Spätzle oder Polenta-Halbmonde

Getränkeempfehlung: Bordeaux (z. B. Médoc oder St.-Émilion) oder Châteauneuf-du-Pape

tipp

Klein geschnittenes Fleisch erst nach dem Anbraten salzen.

Für 4 Personen

Zubereitungszeit: 1 Stunde 45 Minuten, Beizzeit: 24 Stunden

Pro Portion: 716 kcal, 42 g Eiweiß, 50 g Fett, 8 g Kohlenhydrate

Wildschweinragout

750 g Wildschweinfleisch (vom Hals und der Schulter)

1/4 l (250 ml) Weißwein

1/4 l (250 ml) Wasser

2 EL Weißweinessig

1/2 Lorbeerblatt

3 Wacholderbeeren

1 Zweig Thymian

schwarzer Pfeffer aus der Mühle

1 geschälte, mit 1 Nelke gespickte kleine Zwiebel

70 g Butter

250 g Steinpilze

1/8 l (125 ml) Rotwein

200 g Crème fraîche

1. Das Wildschweinfleisch in Würfel schneiden. Wein, Wasser, Essig, Gewürze und die gespickte Zwiebel vermischen und die Fleischwürfel über Nacht in die Beize legen. Fleischwürfel aus der Beize nehmen und trocken tupfen.
2. In einem Schmortopf 50 g Butter erhitzen und das Fleisch darin anbraten. Mit Beize aufgießen und langsam in 1 1/2–2 Stunden bei mäßiger Hitze weich kochen. Fleisch aus der Brühe nehmen.
3. Während der Garzeit die Steinpilze sorgfältig waschen, putzen – große Pilze halbieren – und in Scheiben schneiden. In einer Pfanne die restliche Butter erhitzen und die Pilze kurz darin schwenken.
4. Die Wildschweinbrühe mit Rotwein und Crème fraîche aufkochen und auf die Hälfte der Menge einkochen lassen. Das Fleisch und die Steinpilze hinzufügen und noch 2–3 Minuten kochen lassen. In einer vorgewärmten Terrine anrichten.

Beilage: Semmelknödel, Preiselbeeren und Rotkraut

Getränkeempfehlung: Beaujolais Villages

tipp

Beim Einkauf von Wildschwein darauf achten, dass es sich dabei um das Fleisch eines jungen Wildschweins (Jungtier) handelt. Da Schwarzwild keine Schonzeit hat, ist es das ganze Jahr über erhältlich.

Für 4 Personen

Zubereitungszeit: 1 Stunde, Marinierzeit: 30 Minuten

Pro Portion: 320 kcal, 25 g Eiweiß, 15 g Fett, 14 g Kohlenhydrate

Hasengulasch mit Backpflaumen

8 Kurpflaumen

4 cl (40 ml) Portwein

400 g Hasengulasch

Salz

schwarzer Pfeffer aus der Mühle

abgeriebene Schale 1 unbehandelten Orange

1 Msp. gemahlener Ingwer

1 Msp. gemahlener Zimt

3 zerdrückte Wacholderbeeren

1 große Möhre, sehr fein gewürfelt

1 Stückchen Knollensellerie, sehr fein gewürfelt

2 Schalotten, sehr fein gewürfelt

100 g magere rohe Schinkenwürfel

1 EL Öl

10 g Butter

1/8 l (125 ml) Wildfond (aus dem Glas)

1 TL frisch gehackte **Petersilie**

1 Die Kurpflaumen halbieren, in eine Schüssel geben, mit dem Portwein begießen und etwa 30 Minuten darin einweichen. Das Gulasch salzen, mit den Gewürzen einreiben und ebenfalls 30 Minuten stehen lassen.

2 Möhre, Sellerie und Schalotten schälen und wie den Schinken in winzig kleine Würfel schneiden.

3 Öl und Butter in einem Schmortopf erhitzen und das Fleisch darin bei starker Hitze von allen Seiten anbraten. Das klein geschnittene Gemüse sowie die Schinkenwürfel dazugeben und mit anbraten. Mit dem Wildfond aufgießen, umrühren und zugedeckt bei schwacher Hitze etwa 20–30 Minuten schmoren lassen.

4 Die Kurpflaumen mit der restlichen Einweichflüssigkeit zum Fleisch geben, vorsichtig vermischen und weitere 15 Minuten bei schwacher Hitze zugedeckt schmoren lassen. Mit Petersilie bestreut servieren.

Beilage: Salzkartoffeln und Salat, z. B. Lollo Rosso

tipp

Wer es nicht ganz so kalorienarm möchte, gibt mit den Kurpflaumen noch 1 EL Crème fraîche hinzu. Die Garzeit hängt sehr von der Fleischqualität ab.

Für 4 Personen

Zubereitungszeit: 2 Stunden

Pro Portion: 277 kcal, 31 g Eiweiß, 20 g Fett, 14 g Kohlenhydrate

Hasenpfeffer mit Wacholderbeeren

500 g Hasenfleisch

100 g durchwachsener geräucherter Speck

2 mittelgroße Zwiebeln, gewürfelt

Salz

Wildgewürz

4 Wacholderbeeren

Sojasauce

1/8 l (125 ml) Obstwein

1 Apfel

100 g Sahne

30 g Mehl

1 1 1/2 l Wasser aufkochen und das Fleisch darin blanchieren. Das Wasser abgießen und das Fleisch trocken tupfen. Das Fleisch in kleine Würfel schneiden. Den Speck würfeln. Die Zwiebeln abziehen und in Würfel schneiden.

2 Den Speck in einer Pfanne auslassen; Fleisch, Zwiebeln, Salz und Wildgewürz dazugeben und anbraten. Die Wacholderbeeren zerdrücken und mit Sojasauce und Obstwein zum Fleisch geben. Bei schwacher Hitze zugedeckt 3/4 Stunde schmoren lassen.

3 Den Apfel waschen, trocken tupfen, das Kerngehäuse entfernen, den Apfel vierteln und zum Fleisch reiben. Die Sahne und 1/4 l Wasser dazugeben.

4 Das Mehl mit etwas Wasser glatt rühren. Das Geschnetzelte aufkochen, abschmecken und mit Mehl andicken.

Beilage: Salzkartoffeln oder Nudeln und Kohl

Getränkeempfehlung: kräftiger Rotwein oder erfrischender Champagnertee: einen kräftigen schwarzen gesüßten Tee kochen und abkühlen lassen, Zitronensaft und Zitronenschale zugeben, kühlen, mit trockenem Champagner auffüllen

Rouladen
und Röllchen

Für 4 Personen

Zubereitungszeit: 45 Minuten

Pro Portion: 700 kcal, 21 g Eiweiß, 16 g Fett, 73 g Kohlenhydrate

Schweinerouladen mit Fetafüllung

3 1/2 EL Paprikamark

1/3 TL Sambal Oelek

3 Zucchini (ca. 500 g)

70 g Feta

4 Schweinerouladen (à 150 g)

350 g Langkornreis

Salz

2 EL Öl

1/4 l (250 ml) heiße klare Brühe (aus Extrakt)

2–3 EL Thymianblättchen

90 g süße Sahne

1 1/2 EL heller Saucenbinder

1 Paprikamark und Sambal Oelek miteinander verrühren. Die Zucchini putzen und waschen. 2 Zucchini längs in dünne Scheiben schneiden, 1 Zucchini würfeln. Den Käse grob zerbröckeln.

2 Die Rouladen je mit etwa zwei Drittel der Sambal-Mischung bestreichen, mit Zucchinischeiben belegen und mit Feta bestreuen. Diese fest aufrollen, dabei seitlich etwas einschlagen und eventuell mit Spießchen feststecken.

3 Den Reis in etwa 700 ml Salzwasser zum Kochen bringen und zugedeckt bei geringer Hitze in etwa 20 Minuten ausquellen lassen.

4 Das Öl erhitzen, die Rouladen darin von allen Seiten 6–8 Minuten goldbraun anbraten. Die Brühe und ein Drittel der Sambal-Mischung dazugeben, alles aufkochen und zugedeckt etwa 40 Minuten schmoren lassen.

5 Zucchiniwürfel und Thymian etwa 5 Minuten vor Ende der Garzeit zum Reis geben.

6 Die Rouladen aus dem Fond nehmen und warm stellen. Sahne und Saucenbinder in den Fond einrühren. Die Sauce aufkochen und mit Salz und Sambal Oelek abschmecken.

Beilage: Blattsalat

Für 6 Personen

Zubereitungszeit: 2 Stunden 30 Minuten

Pro Portion: 245 kcal, 34 g Eiweiß, 6 g Fett, 5 g Kohlenhydrate

Rinderroulade mit Gemüsefüllung

1 große Möhre, in sehr feine Würfel geschnitten

100 g grüne Bohnen, in sehr feine Würfel geschnitten

1 kleine rote Paprikaschote, in sehr feine Würfel geschnitten

2 Stangen Staudensellerie, in sehr feine Würfel geschnitten

Salz

1 große, längliche Scheibe Rindfleisch, etwa 1,5 cm dick, aus der Oberschale geschnitten (700 g)

weißer Pfeffer aus der Mühle

200 g Kalbsbrät

2 EL geriebener **Parmesan**

1 EL gehackte **Petersilie**

etwas gerebelter **Thymian**

2 gehackte **Salbeiblätter**

1 Knoblauchzehe, gehackt

2 EL Olivenöl

1/4 l (250 ml) kräftiger Rotwein (z. B. Montepulciano)

Die Fleischscheiben füllen, aufrollen und mit einem Baumwollfaden umwickeln.

1 Das Gemüse waschen, die Möhre schälen, die Bohnen an den Enden abknipsen, die Paprikaschote halbieren und entkernen und den Staudensellerie putzen. Alles in 1/2 cm große Würfel schneiden und in kochendem Salzwasser blanchieren. In eisgekühltem Wasser abschrecken, auf einem Sieb abtropfen lassen und mit einem Küchentuch trocken tupfen.

2 Das Fleisch trocken tupfen und mit einem Fleischklopfer vorsichtig klopfen. Es soll etwa um die Hälfte dünner werden, aber die Rouladenform behalten. Mit wenig Salz und Pfeffer von beiden Seiten einreiben.

3 Das Brät mit Parmesan verrühren, Kräuter und Knoblauch dazugeben, gründlich vermischen und mit Salz und Pfeffer würzen.

4 Das Gemüse unter die Farce mischen und die Fleischscheiben damit bestreichen. Von der Schmalseite her aufrollen und die Riesenroulade mit einem Baumwollfaden umwickeln.

5 Das Öl in einem Bräter erhitzen und die Roulade darin von allen Seiten bei starker Hitze anbraten. Mit Rotwein aufgießen, einmal aufkochen lassen, dann zugedeckt bei schwacher Hitze mindestens 2 Stunden köcheln lassen. Zwischendurch die Fleischrolle wenden und, falls nötig, etwas Wasser dazugießen.

6 Das Fleisch herausnehmen und zugedeckt ruhen lassen. Den Bratensaft, falls nötig, bei starker Hitze etwas einkochen lassen. Die Roulade in dünne Scheiben schneiden und mit dem Bratsaft begießen.

Beilage: Weißbrot und gegrillte Tomaten

Für 4 Personen

Zubereitungszeit: 45 Minuten, Schmorzeit: 45 Minuten

Pro Portion: 450 kcal, 40 g Eiweiß, 31 g Fett, 4 g Kohlenhydrate

Schwäbische Kalbsrouladen

4 lange, dünne Kalbschnitzel aus der Oberschale (je ca. 150 g)

Salz

Pfeffer aus der Mühle

1 EL gehackte **Schalotten**

3 EL Butter

100 g Champignons, klein geschnitten

150 g feines Bratwurstbrät

1 TL fein gehackte **Petersilie**

1 Eigelb

1 EL Semmelbrösel

Thymian

2 dünne Scheiben roher Schinken

1 EL Öl

1 Zwiebel, in Streifen geschnitten

1 Möhre, in Streifen geschnitten

1 Stückchen Sellerie, in Streifen geschnitten

1 Stück frische Speckschwarte

3 Blätter Salbei

1 Glas Weißwein

$^1/_8$ l (125 ml) Fleischbrühe (aus Extrakt)

1. Die Kalbschnitzel vorsichtig etwas breit klopfen und mit Salz und Pfeffer einreiben.
2. Die Schalotten in 1 EL Butter glasig schmoren und die fein geschnittenen Champignons hinzufügen.
3. Das Bratwurstbrät im Mixer zu einer feinen Farce zerkleinern und mit den Champignons, der Petersilie, dem Eigelb, den Semmelbröseln, Salz, Pfeffer und zerriebenem Thymian vermischen.
4. Den rohen Schinken in der Mitte durchschneiden und auf jede Fleischscheibe eine Hälfte legen. Die Farce daraufstreichen, zusammenrollen und mit einem Baumwollfaden einwickeln oder mit einer Rouladennadel zusammenstecken.
5. Das Öl und 1 EL Butter in einem Schmortopf erhitzen und die Rouladen von allen Seiten darin anbraten. Die Zwiebel und die Möhre sowie das Stückchen Sellerie in Streifen schneiden, zu dem Fleisch geben und mit anrösten. Die Speckschwarte und den Salbei hinzufügen. Mit dem Wein und der Brühe aufgießen und zugedeckt 45 Minuten garen lassen. Die Rouladen herausnehmen und warm stellen.
6. Die Sauce durch ein Sieb streichen, etwas einkochen lassen und mit der restlichen Butter verrühren. Die Rouladen mit der Sauce übergießen.

Beilage: hausgemachte Spinatspätzle oder Kartoffelpüree, junge Möhren

Für 4 Personen

Zubereitungszeit: 35 Minuten

Pro Portion: 400 kcal, 42 g Eiweiß, 19 g Fett, 6 g Kohlenhydrate

Gefüllte Kalbsröllchen mit Basilikum

3 Bund Basilikum

2 EL Semmelbrösel

2 Eigelb

Salz

schwarzer Pfeffer aus der Mühle

3 EL Olivenöl

4 dünne Kalbsschnitzel (à 180 g)

2 mittelgroße Zwiebeln, fein gehackt

1/4 l (250 ml) trockener Weißwein

3 EL Crème fraîche

Zitronensaft

Worcestersauce

Die Kalbsschnitzel würzen, mit der Kräutermasse bestreichen, aufrollen und mit Holzspießen feststecken.

1. Das Basilikum abbrausen, trocken tupfen und abzupfen. Einige besonders schöne Blättchen zum Garnieren beiseite legen, die restlichen fein hacken.
2. Mit den Semmelbröseln und den Eigelben in eine Schüssel geben. Mit Salz und Pfeffer würzen und 1 EL Olivenöl zufügen. Alles zu einer gleichmäßigen Masse verrühren.
3. Die Kalbsschnitzel flach klopfen, trocken tupfen und beidseitig salzen und pfeffern. Mit der Kräutermasse bestreichen, aufrollen und mit Holzspießchen zustecken oder mit Küchenzwirn zusammenbinden.
4. Das restliche Olivenöl in einer Pfanne erhitzen und die Röllchen darin rundum kräftig anbraten. Die gehackten Zwiebeln dazugeben und glasig werden lassen. Mit dem Weißwein ablöschen und zugedeckt 20 Minuten garen.
5. Die Röllchen herausnehmen. Die Crème fraîche in die Sauce rühren, aufkochen und mit Salz, Pfeffer, Zitronensaft und Worcestersauce abschmecken.
6. Die Kalbsröllchen mit der Sauce auf vorgewärmten Tellern anrichten und mit dem übrigen Basilikum garnieren.

Beilage: Kartoffelpuffer (Fertigprodukt) und Salat aus Kirschtomaten

Getränkeempfehlung: kräftiger Rotwein aus Italien, z. B. Chianti Classico

Für 4 Personen

Zubereitungszeit: 20 Minuten

Pro Portion: 290 kcal, 32 g Eiweiß, 16 g Fett, 2 g Kohlenhydrate

Kalbsrouladen römische Art

8 dünne Kalbsschnitzel (à ca. 70 g)

Salz

schwarzer Pfeffer aus der Mühle

6–8 frische Salbeiblätter, fein gehackt

50 g Parmaschinken, fein gehackt

2 EL Öl

4 EL Marsala (sizilianischer Süßwein)

4 EL Kalbsfond (aus dem Glas)

20 g kalte Butter

1 Die Kalbsschnitzel trocken tupfen, vorsichtig klopfen und mit Salz und Pfeffer würzen.

2 Die gewaschenen Salbeiblätter und den Schinken fein hacken und auf den Schnitzeln verteilen. Die Fleischscheiben von der Länge her aufrollen und die Enden mit einem Holzspießchen feststecken.

3 Das Öl in einer beschichteten Pfanne erhitzen und die Fleischröllchen darin bei starker Hitze rundherum anbraten. Das Bratfett vorsichtig abgießen und mit Marsala und Kalbsfond aufgießen. Die Pfanne mit einem Deckel verschließen und die Rouladen in 2–3 Minuten garen lassen.

4 Die Fleischröllchen herausnehmen und zugedeckt warm stellen. Den Bratenfond bei starker Hitze etwas einkochen lassen.

5 Die kalte Butter in kleinen Flöckchen unter den Fond schlagen. Die Rouladen mit der sirupartigen Sauce überziehen.

Beilage: Weißbrot und junge Erbsen

Getränkeempfehlung: Weißburgunder oder ein Rosso di Montalcino

Für 4 Personen

Zubereitungszeit: 1 Stunde 10 Minuten

Pro Portion: 745 kcal, 37 g Eiweiß, 46 g Fett, 45 g Kohlenhydrate

Gefüllte Kalbsfiletröllchen

4 Kalbsfiletscheiben (à 120 g)

Salz

weißer Pfeffer aus der Mühle

1 Bund frischer Koriander

1 kleine, vollreife Mango, fein gewürfelt

50 g Butter oder Margarine

100 g fein gemahlene **Cashewnüsse**

40 g frisch geriebene **Ingwerwurzel**

1 TL gemahlener **Kurkuma**

125 g Sahne

2 Eier

200 g Kokosraspel

1 Die Filetscheiben trocken tupfen, der Länge nach etwas einschneiden, auseinanderklappen und zwischen Klarsichtfolie legen. Vorsichtig, am besten mit der Breitseite eines Küchenbeils, ganz flach klopfen. Mit Salz und Pfeffer würzen und mit einem Teil der abgezupften Korianderblätter belegen, die restlichen Blätter fein hacken.

2 Die Mango schälen, das Fruchtfleisch vom Kern lösen und in kleine Würfel schneiden. 20 g Fett in einer Kasserolle erhitzen und die Früchtewürfel darin anschwitzen. Nüsse und Ingwer dazugeben und mit Salz, Pfeffer und Kurkuma würzen. Mit Sahne ablöschen und einkochen lassen, bis die Flüssigkeit verdampft ist. Zum Schluss die fein gehackten Korianderblätter untermischen und die Mischung ein wenig abkühlen lassen.

3 Die Mangomasse auf die Fleischscheiben streichen und von der Schmalseite her aufrollen. Das Ende mit einem Zahnstocher feststecken oder die Röllchen mit einem Baumwollfaden umwickeln.

4 Den Backofen auf 200 °C (Umluft 170 °C, Gas Stufe 3) vorheizen.

5 Die Eier gründlich verquirlen und die Fleischröllchen erst darin, dann in dem Kokosraspel wenden. Die Panade gut festdrücken.

6 Das restliche Fett in einer Pfanne mit feuerfesten Griffen erhitzen und die Fleischröllchen darin bei mittlerer Hitze unter vorsichtigem Wenden von allen Seiten goldbraun anbraten. Die Pfanne in den Backofen stellen und die Röllchen noch 10 Minuten weitergaren.

Beilage: Chinakohlgemüse und eine leichte Sherrysauce mit einigen Mangowürfeln und Kokosflocken

Getränkeempfehlung: Weißburgunder Spätlese trocken aus Rheinhessen oder von der Nahe

Für 4 Personen

Zubereitungszeit: 30 Minuten

Pro Portion: 380 kcal, 45 g Eiweiß, 32 g Fett, 2 g Kohlenhydrate

Hähnchenrouladen mit Käsesauce

4 Hähnchenbrustfilets

Salz

schwarzer Pfeffer aus der Mühle

2 Msp. gemahlener **Koriander**

4 dünne Scheiben Parmaschinken

12 Salbeiblätter

2 EL Öl

160 g Gorgonzola

100 ml Milch

2 EL trockener Sherry (Fino)

1. Die Hähnchenbrustfilets von Haut und Sehnenresten befreien, unter fließendem, kaltem Wasser waschen und trocken tupfen. Die Filets etwas flach klopfen und jeweils von beiden Seiten mit Salz, Pfeffer und Koriander bestreuen.

2. Die Filets jeweils mit 1 Scheibe Parmaschinken und 3 Salbeiblättern belegen, zusammenrollen und mit Zahnstochern zusammenstecken.

3. Das Öl in einer Pfanne erhitzen und die Rouladen darin rundum scharf anbraten. Bei mittlerer Hitze unter Wenden noch etwa 5 Minuten weiterbraten. Die Pfanne vom Herd nehmen und die Rouladen abkühlen lassen.

4. Den Gorgonzola zusammen mit der Milch und dem Sherry in einem Mixgerät oder mit dem Pürierstab eines Handrührgeräts pürieren. Die Sauce mit Pfeffer abschmecken. Die Hähnchenrouladen und die Gorgonzolasauce getrennt servieren.

Beilage: Vollkornbrot oder Feldsalat

tipp

So können Sie das Rezept variieren: Nehmen Sie anstelle des Hähnchenfleischs 2 Kalbsschnitzel und schmecken Sie die Sauce anstatt mit Sherry mit 1 EL Cognac oder Whiskey ab.

Für 4 Personen

Zubereitungszeit: 1 Stunde

Pro Portion: 315 kcal, 33 g Eiweiß, 15 g Fett, 3 g Kohlenhydrate

Gefüllte Wildrouladen

200 g Knollensellerie, geraspelt

200 g Pfifferlinge

30 g Butter

2 EL gehackte **Zwiebeln**

2 EL gehackte **Petersilie**

Salz

schwarzer Pfeffer aus der Mühle

4 Rehschnitzel, aus der Keule geschnitten (je 150 g)

2 EL Öl

1/4 l (250 ml) Wildfond (aus dem Glas)

1/8 l (125 ml) trockener Rotwein

2 Wacholderbeeren

1 Lorbeerblatt

2 EL saure Sahne

1 Knollensellerie schälen und auf der feinen Seite der Rohkostreibe raspeln. Die Pfifferlinge putzen und in kleine Stücke schneiden.

2 Die Butter in einer beschichteten Pfanne erhitzen und die Zwiebelwürfel darin glasig braten. Dann den geraspelten Sellerie und die Pilze dazugeben und bei starker Hitze einige Minuten anbraten. Die Petersilie untermischen, mit Salz und Pfeffer abschmecken und beiseite stellen.

3 Die Rehschnitzel vorsichtig etwas breit klopfen und mit Salz und Pfeffer würzen. Die Hälfte der Sellerie-Pilz-Füllung auf die Fleischscheiben verteilen, aufrollen und mit einem Küchenfaden zusammenbinden.

4 Das Öl in einem Schmortopf erhitzen und die Rouladen darin von allen Seiten bei starker Hitze scharf anbraten. Nun die restliche Füllung dazugeben und kurz mitbraten. Mit Wildfond und Wein aufgießen, die zerdrückten Wacholderbeeren und das Lorbeerblatt zugeben. Das Ganze zugedeckt bei mittlerer Hitze in etwa 20 – 25 Minuten gar schmoren.

5 Die Rouladen herausnehmen und warm stellen, die Gewürze herausfischen. Die Sahne unter den Bratenfond rühren, gut durchkochen lassen und zu den Rouladen servieren.

Beilage: Apfelrotkohl und Spätzle

Getränkeempfehlung: eine würzig-aromatische Pinot Noir Spätlese, ein kalifornischer Merlot oder ein Syrah

Größere Braten und ganze Tiere

Für 6 Personen

Zubereitungszeit: 3 Stunden 15 Minuten

Pro Portion: 535 kcal, 40 g Eiweiß, 28 g Fett, 27 g Kohlenhydrate

Gefüllte Schweinerippe

1,5 kg Schweinerippe

Salz

schwarzer Pfeffer aus der Mühle

1 EL Schmalz

1/4 l (250 ml) Fleischbrühe (aus Extrakt)

Füllung

125 g entkernte Backpflaumen

gut 1/8 l (125 ml) Rotwein

500 g säuerliche Äpfel

1 EL Zucker

schwarzer Pfeffer aus der Mühle

je 1 Msp. Zimt und Nelken

50 g Semmelbrösel

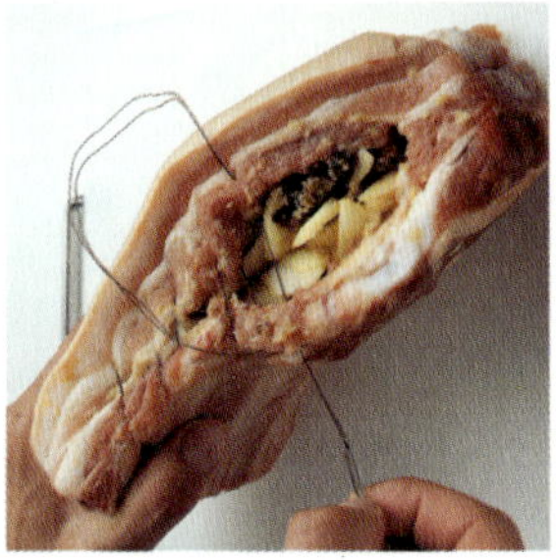

Die Füllung in die Fleischtasche geben, danach die Öffnung gut zunähen.

1 Beim Einkauf eine Tasche zum Füllen in das Rippenstück schneiden lassen oder die Knochen in der Mitte anhacken, aber nicht durchhacken lassen, sodass man den Braten für die Füllung zusammenklappen und die Seiten mit einem Baumwollfaden zunähen kann. Das Fleisch waschen, trocken tupfen, innen und außen salzen und pfeffern.

2 Für die Füllung die Backpflaumen in dem Rotwein 30 Minuten einweichen. Die Äpfel schälen, vierteln, die Kerngehäuse entfernen und quer in Scheibchen schneiden. Die eingeweichten Backpflaumen auf einem Sieb gut abtropfen lassen und klein schneiden. Mit Zucker, Gewürzen, Semmelbröseln und Apfelscheiben vermischen.

3 Den Backofen auf 210°C (Umluft 180°C, Gas Stufe 3) vorheizen. Die Füllung in die Schweinerippentasche geben, dabei 2 EL zurückbehalten. Die Öffnung des Bratens mit einem Baumwollfaden zunähen.

4 Das Schmalz in einem Schmortopf erhitzen und das Rippenstück von beiden Seiten darin anbraten. Die restliche Füllung hinzufügen und mit dem Wein vom Einweichen der Pflaumen aufgießen. Gut verschließen, auf die mittlere Schiene in den Backofen geben und das Fleisch in etwa 2 1/2 Stunden gar schmoren. In der letzten halben Stunde öffnen und das Fleisch mit dem Bratensaft und der Fleischbrühe begießen, damit es knusprig braun wird. Den Braten herausnehmen und warm stellen.

5 Den Bratensaft mit etwas heißem Wasser ablöschen, in einen kleinen Topf geben und etwas einkochen lassen. Die gefüllte Schweinerippe so in Scheiben schneiden, dass immer eine Rippe eine Scheibe bildet. Die Sauce getrennt dazu reichen.

Beilage: Rotkohl und Kartoffelpüree

Für 6 – 8 Personen

Zubereitungszeit: 2 Stunden 30 Minuten

Pro Portion bei 6 Personen: 390 kcal, 36 g Eiweiß, 24 g Fett, 6 g Kohlenhydrate

Schweinebraten Florentiner Art

1,5 ausgelöstes Kotelettstück (ohne Knochen)

einige Rosmarinnadeln

1 Knoblauchzehe, fein gewürfelt

Salz

schwarzer Pfeffer aus der Mühle

4 Zweige frischer Rosmarin

4 Kartoffeln

1 Das Fleisch kurz waschen und trocken tupfen. Rosmarinnadeln und Knoblauch fein schneiden und mit Salz und Pfeffer mischen. Das Fleisch damit von allen Seiten einreiben. Die Rosmarinzweige der Länge nach an das Fleisch drücken und den Braten mit einem dünnen Bindfaden umwickeln. Den Braten auf einen Drehspieß stecken (Saftpfanne darunter schieben) oder in die Saftpfanne des Backofens geben.

2 Den Backofen auf 225 °C (Umluft 200 °C, Gas Stufe 4) vorheizen. Die Kartoffeln schälen, in Viertel schneiden (kleine ganz lassen) und in die Saftpfanne geben. Mit Salz bestreuen.

3 Den Braten auf dem rotierenden Spieß oder in der Pfanne auf die mittlere Schiene in den Backofen schieben und den Braten etwa 2 Stunden braten, dabei immer wieder mit dem austretenden Bratenfett begießen. Das Fleisch vom Drehspieß oder aus der Pfanne nehmen, den Bindfaden und die Rosmarinzweige entfernen. In Scheiben geschnitten auf einer Platte mit den Kartoffeln servieren.

Beilage: gegrillte Tomaten

Getränkeempfehlung: Chianti Classico

Für 6 Personen

Zubereitungszeit: 2 Stunden

Pro Portion: 310 kcal, 36 g Eiweiß, 17 g Fett, 1 g Kohlenhydrate

Schweinebraten pikante Art

1 kg ausgelöster Schweinerücken

Salz

Paprikapulver, edelsüß

2 fein gehackte **Knoblauchzehen**

$^1/_2$ TL gehackter **Kümmel**

Mehl zum Bestäuben

40 g Schmalz oder 1 EL Butter und 1 EL Öl

1 EL Tomatenmark

1 EL Senf

0,1 l (100 ml) Weißwein

6 EL Sahne

1 Das Fleisch waschen, trocken tupfen, mit den Gewürzen einreiben und leicht mit Mehl bestäuben.

2 Den Backofen auf 200 °C (Umluft 170 °C, Gas Stufe 3) vorheizen. In einem eisernen Schmortopf das Fett erhitzen und den Schweinebraten darin von allen Seiten anbraten. Tomatenmark mit Senf verrühren und den Braten auf der fetten Seite damit bestreichen.

3 Den Braten auf die mittlere Schiene des Backofens schieben und nach und nach den Wein und, wenn nötig, $^1/_8$ l Wasser an den Seiten angießen (den Braten nicht von oben begießen, damit die Kruste gut bräunt). In $1^1/_2$ Stunden gar braten.

4 Den Braten aus dem Topf nehmen und 5 Minuten zugedeckt stehen lassen.

5 Den Bratensaft mit $^1/_2$ Tasse Wasser ablöschen und in eine kleine Kasserolle geben. Die Sahne hinzufügen und etwas einkochen lassen.

6 Den Braten aufschneiden und die Sauce getrennt dazu reichen.

Beilage: Knödel und Sauerkraut

Getränkeempfehlung: Bier oder kräftiger Landwein

Für 5 Personen

Zubereitungszeit: 1 Stunde 15 Minuten

Pro Portion: 589 kcal, 28 g Eiweiß, 39 g Fett, 26 g Kohlenhydrate

Schweinebraten mit Feigen

1 kg Schweinebraten (Kotelettstück oder **aufgerollte Schulter)**

Salz

weißer Pfeffer aus der Mühle

1 EL Butter

1 Zweig Thymian

1 Lorbeerblatt

1 TL Zucker

gut 1/8 l (125 ml) Weißwein

12 reife, frische Feigen

1. Den Backofen auf 220°C (Umluft 190°C, Gas Stufe 4) vorheizen.
2. Den Schweinebraten kurz waschen, trocken tupfen und mit Salz und Pfeffer einreiben. In einem Schmortopf die Butter erhitzen und den Schweinebraten darin anbraten. Mit einer Tasse Wasser aufgießen. Thymian und Lorbeerblatt hinzufügen. Den Braten auf die mittlere Schiene in den Backofen schieben und diesen auf 190°C (Umluft 160°C, Gas Stufe 2) herunterschalten. Unter häufigem Begießen mit dem Bratensaft 1 Stunde braten. Aus dem Backofen nehmen und warm stellen.
3. In den letzten 30 Minuten der Bratzeit den Zucker in einem kleinen Topf karamellisieren lassen und mit dem Wein aufgießen. Durchkochen lassen.
4. Von den Feigen das Stielende abschneiden, die Früchte kreuzförmig einschneiden und in eine kleine, feuerfeste Form geben. Mit dem Wein übergießen und in den Backofen neben den Braten schieben. 12–15 Minuten backen lassen.
5. Den Bratensaft des Schweinebratens mit dem Kochwein der Feigen ablöschen und etwas durchkochen lassen. Den aufgeschnittenen Braten auf einer heißen Platte anrichten und mit den Feigen umkränzen. Die Sauce getrennt reichen.

Beilage: körnig gekochter Reis oder Kartoffelpüree

Getränkeempfehlung: Rosé d'Anjou

Für 4 Personen

Zubereitungszeit: 3 Stunden 25 Minuten, Marinierzeit: 5 Tage

Pro Portion: 645 kcal, 35 g Eiweiß, 37 g Fett, 10 g Kohlenhydrate

Schweinenacken in Weißwein

800 g magerer Schweinenacken

2 große Zwiebeln

1 Lorbeerblatt

1 Gewürznelke

1 Möhre, in Würfel geschnitten

1 kleine Stange Porree, in Würfel geschnitten

50 g Knollensellerie, in Würfel geschnitten

je 1 Zweig Thymian, Rosmarin, Salbei, Majoran, Basilikum

3/4 l (750 ml) Weißwein (gute Qualität)

1 EL Butterschmalz

Salz

Pfeffer aus der Mühle

6 EL Sahne

150 g frische Champignons

1 EL Butter

1 Den Schweinenacken in eine tiefe Schüssel legen. 1 Zwiebel mit dem Lorbeerblatt und der Nelke spicken. Die Möhre, den Porree, den Sellerie und die zweite Zwiebel putzen, schälen und in Würfel schneiden.

2 Die Kräuter, die Zwiebeln und das Gemüse zum Fleisch geben und so viel Wein dazugießen, dass das Fleisch davon bedeckt wird. Insgesamt 5 Tage marinieren, dabei das Fleisch täglich einmal wenden.

3 Die Marinade durch ein Sieb in einen Topf gießen, aufkochen und abschäumen.

4 Den Schweinenacken mit Küchenkrepp trocken tupfen und in 1 EL erhitztem Butterschmalz von allen Seiten in einem Bräter braun anbraten. Das Fleisch herausnehmen und das gut abgetropfte Gemüse aus der Marinade im Fond anschmoren lassen.

5 Das Fleisch rundherum mit Salz und Pfeffer bestreuen. In den Bräter zurücklegen und mit der Hälfte der Marinade ablöschen. Im vorgeheizten Ofen bei 80°C zugedeckt 3 Stunden schmoren. Von Zeit zu Zeit mit etwas Marinade begießen.

6 Am Ende der Garzeit das Fleisch auf einen großen Teller legen, mit Alufolie zudecken und im ausgeschalteten Backofen 10 Minuten ruhen lassen.

7 In dieser Zeit die entstandene Sauce durch ein Sieb in eine Pfanne gießen, etwas einkochen lassen und die Sahne daruntermischen. Nochmals aufkochen und nach Bedarf etwas nachwürzen.

8 Die frischen Champignons putzen, in Scheiben schneiden und in der Butter kurz andünsten.

9 Das Fleisch in 1 cm dicke Scheiben schneiden und anrichten. Die Champignons darüber verteilen und etwas Sauce darübergießen. Die restliche Sauce separat servieren.

Für 6 Personen

Zubereitungszeit: 1 Stunde 35 Minuten

Pro Portion: 740 kcal, 44 g Eiweiß, 57 g Fett, 10 g Kohlenhydrate

Spanferkelschulter mit Honig-Aprikosen-Sauce

2 kg Spanferkelschulter

Salz

schwarzer Pfeffer aus der Mühle

6–8 Gewürznelken

1 EL scharfer Senf

2 EL streichfähiger Honig

abgeriebene Schale von 1/2 unbehandelten Orange

1 TL geriebene **Ingwerwurzel**

1/2 TL gemahlener **Zimt**

1 Prise Cayennepfeffer

1/8 l (125 ml) Weißwein (z. B. Gewürztraminer)

1/8 l (125 ml) Kalbsfond (aus dem Glas)

250 g Aprikosen

Das gewürzte Fleisch mit der Senf-Honig-Mischung auf der eingekerbten Oberseite bepinseln.

1. Die Haut der Spanferkelschulter am besten vom Metzger rautenförmig einritzen lassen. Das Fleisch waschen, trocken tupfen und kräftig mit Salz und Pfeffer einreiben. Mit den Gewürznelken spicken und in eine große, feuerfeste Form legen.
2. Den Backofen auf 250 °C (Umluft 230 °C, Gas Stufe 5) vorheizen.
3. Senf und Honig mit der Orangenschale und den Gewürzen verrühren und das Fleisch mit einem Teil der Mischung bestreichen, den Rest mit Wein und Brühe verrühren.
4. Die Schulter mit der Schwarte nach unten auf der unteren Schiene 20 Minuten braten.
5. In dieser Zeit die Aprikosen waschen, halbieren und entkernen.
6. Den Braten wenden, die Früchte um das Fleisch legen und mit der Hälfte der Wein-Honig-Mischung aufgießen. In 45 Minuten bei 200 °C (Umluft 170 °C, Gas Stufe 3) fertig braten, dabei nach 30 Minuten die Schulter mit der restlichen Flüssigkeit begießen.
7. Das Fleisch herausnehmen und mit Alufolie umhüllt warm stellen. Die Sauce durch ein Sieb passieren und zu der in Scheiben geschnittenen Spanferkelschulter reichen.

Beilage: gekochte Kartoffelklöße und Rosenkohl

Getränkeempfehlung: würziger Weißwein, z. B. Gewürztraminer

Für 4 Personen

Zubereitungszeit: 50 Minuten, Kühlzeit: 1 Nacht

Pro Portion: 726 kcal, 48 g Eiweiß, 25 g Fett, 57 g Kohlenhydrate

Schweinefilet mit Rotweinpflaumen

250 g entsteinte Trockenpflaumen
1/2 l (500 ml) Rotwein
1/2 Zimtstange
Zucker
800 g Schweinefilet
Salz
Pfeffer
2 EL Butter
1 TL Fleischbrüheextrakt
100 g Crème fraîche
100 g Sahne
40 g Mehl
1 EL Aprikosenmarmelade
1 Dose kleine Champignons

1 Die Pflaumen waschen und entsteinen; in einem Topf mit Rotwein übergießen, Zimt und Zucker dazugeben, erhitzen und einmal aufwallen lassen. Über Nacht kalt stellen.

2 Das Filet von allen Seiten leicht salzen und pfeffern. Die Butter in einer Pfanne erhitzen und das Filet von allen Seiten goldbraun anbraten. Den Fleischbrüheextrakt in 1 Tasse Wasser auflösen und zu dem Fleisch geben. Die Pfanne mit einem Deckel verschließen und das Filet 20 Minuten bei mittlerer Hitze schmoren lassen. Das Filet herausnehmen und zugedeckt warm stellen.

3 Den Bratensud in einen Topf füllen, Crème fraîche und Sahne unterrühren und eventuell mit Wasser auf 1/2 l auffüllen. Das Mehl mit Wasser glatt rühren. Den Bratensud aufkochen und mit dem Mehl-Wasser-Gemisch andicken. Die Sauce abschmecken, die Aprikosenmarmelade und die abgetropften Champignons dazugeben. Nach Geschmack mit 1–2 EL Marinade von den Rotweinpflaumen abrunden.

4 Das Filet in 1 1/2 cm dicke Scheiben schneiden, in eine Schale legen und mit der Sauce übergießen. Die Rotweinpflaumen abgießen und in einer Schale servieren.

Beilage: Röstkartoffeln, Brokkoli mit gerösteten Mandeln

tipp

Anstelle von Rotweinpflaumen und Champignons kann das Schweinefilet auch mit einer Pfeffersauce und grünen Feigen serviert werden. Bei Schritt 3 kämen je 1 Löffel grüne und rote Pfefferkörner in die angedickte Sauce. Die grünen Feigen können, will man sich das Dünsten sparen, aus einer Dose genommen werden. Es reichen ungefähr 250 g.

Für 4 Personen

Zubereitungszeit: 4 Stunden, Marinierzeit: 2 – 3 Tage

Pro Portion: 685 kcal, 54 g Eiweiß, 32 g Fett, 34 g Kohlenhydrate

Rheinischer Sauerbraten

1 kg Rinderbraten (Schwanzstück, Blume oder Bug)

80 g fetter Speck, in Streifen geschnitten

weißer Pfeffer aus der Mühle

Salz

1 EL Öl

1 EL Butter

2 Zwiebeln, in Streifen geschnitten

2 Möhren, in Streifen geschnitten

1 Petersilienwurzel, in Streifen geschnitten

1 Stück Kalbsfuß oder Schweineschwarte

1 – 2 Saucenprinten oder **50 g Lebkuchen** oder **50 g Pumpernickel**

evtl. etwas Rotwein

100 g Rosinen

30 g in Streifen geschnittene **Mandeln**

1 EL rheinisches Apfelkraut oder **Johannisbeergelee**

Marinade

1/4 l (250 ml) Rotwein

1/4 l (250 ml) Rotweinessig

1/2 Lorbeerblatt

3 Nelken

12 grob zerstoßene **weiße Pfefferkörner**

4 aufgequetschte **Wacholderbeeren**

1 Stück Ingwerwurzel

1 Stück Schale von 1 unbehandelten Zitrone

1 Das Fleisch kurz waschen und trocken tupfen.

2 Für die Marinade Rotwein und Essig mit allen Gewürzen aufkochen und erkalten lassen. Das Fleisch in eine Schüssel geben, die wenig größer als der Braten ist, und mit der Marinade übergießen. Das Fleisch soll von der Flüssigkeit fast bedeckt sein. Zugedeckt 2 – 3 Tage kühl stellen.

3 Das Fleisch herausnehmen und mit Küchenpapier trocken tupfen. Mit den in Pfeffer gewendeten Speckstreifen spicken und salzen (oder das Fleisch mit Pfeffer und Salz würzen und den Speck in Würfel geschnitten zum Anbraten mitverwenden).

4 Öl und Butter in einem Schmortopf erhitzen und das Fleisch darin von allen Seiten anbraten. Zwiebeln, Möhren und Petersilienwurzel putzen, in Streifen schneiden und kurz mitandünsten. Mit der durchgesiebten Marinade übergießen, den Kalbsfuß oder die Schwarte in den Topf geben und Lebkuchen oder Pumpernickel in die Marinade bröckeln. Den Topf mit einem Deckel fest verschließen und das Fleisch bei leichter Hitze auf dem Herd oder auf der unteren Schiene im Backofen bei 180 °C (Umluft 150 °C, Gas Stufe 2) in 3 Stunden weich schmoren lassen.

5 Das Fleisch herausnehmen und warm stellen. Kalbsfuß oder Schwarte herausfischen. Die Sauce, wenn nötig, mit etwas Rotwein verlängern. Rosinen und Mandeln an die Sauce geben und mit dem Apfelkraut oder dem Johannisbeergelee abschmecken.

6 Das Fleisch in Scheiben schneiden und mit etwas Sauce übergießen. Den Rest der Sauce getrennt servieren.

Beilage: Kartoffelpuffer, Kartoffelklöße, Nudeln, Spätzle oder Kartoffeln, Apfelkompott oder Backobst, Preiselbeeren

Für 4 Personen

Zubereitungszeit: 1 Stunde 25 Minuten

Pro Portion: 330 kcal, 37 g Eiweiß, 17 g Fett, 3 g Kohlenhydrate

Rinderbraten auf Schwarzwälder Art

600 g Rindfleisch aus der Rose

Salz

schwarzer Pfeffer aus der Mühle

1 TL Thymianblätter

1/2 Bund Petersilie

1 frisches Lorbeerblatt

3 Wacholderbeeren

1 EL Dijonsenf

80 g Schwarzwälder Schinken, dünn geschnitten

40 g Butter

1 Bund Suppengrün

1/8 l (125 ml) badischer Weißherbst

1/8 l (125 ml) Rinderbrühe (aus Extrakt)

2 EL Crème fraîche

1 Das Rindfleisch waschen, trocken tupfen und mit Salz und Pfeffer würzen. Die Kräuter fein hacken, die Wacholderbeeren im Mörser fein zerstoßen und mit Senf zu einer Paste verrühren. Das Fleisch rundherum damit bestreichen, dann die Oberseite mit Schinkenscheiben leicht überlappend belegen und den Braten mit einem Baumwollfaden umwickeln.

2 Den Backofen auf 200°C (Umluft 170°C, Gas Stufe 3) vorheizen. Den Braten mit der Schinkenseite nach unten in eine mit 20 g Butter ausgefettete, feuerfeste Form legen. Das Fleisch mit der restlichen Butter in Flöckchen belegen und das gewaschene, in Stücke geschnittene Suppengrün daneben anordnen.

3 40–45 Minuten braten, dabei nach 20 Minuten das Fleisch wenden und mit Wein und Brühe aufgießen.

4 Den Rinderbraten herausnehmen und mit Alufolie umhüllt warm stellen. Den Bratenfond durch ein Sieb streichen, zurück in die Form geben, mit der Crème fraîche gründlich verrühren und in 4–5 Minuten auf dem Herd sämig einkochen lassen.

5 Den Baumwollfaden entfernen, das Fleisch in Scheiben schneiden und die Sauce dazu reichen.

Das Rindfleisch mit der Kräuterpanade rundherum bestreichen.

Die Oberseite mit dem Schinken belegen und mit einem Baumwollfaden gut umwickeln.

Den Braten zusammen mit dem klein geschnittenen Suppengrün garen.

Für 6 Personen

Zubereitungszeit: 2 Stunden 50 Minuten

Pro Portion: 370 kcal, 36 g Eiweiß, 4 g Fett, 137 g Kohlenhydrate

Rinderschulter mit Kruste

1 Zwiebel

1 Bund Suppengrün

1 Lorbeerblatt

1 TL schwarze Pfefferkörner

1 kg Rindfleisch (flache Schulter)

2 Schalotten oder **kleine Zwiebeln,** sehr fein gehackt

1/2 Bund Petersilie, sehr fein gehackt

2 kleine Eier

100 g Semmelbrösel

1 EL Crème fraîche

Salz

1/8 l (125 ml) Brühe vom Fleisch

1 Bund Schnittlauch

1 Zwiebel schälen, Suppengrün putzen. Beide Zutaten mit dem Lorbeerblatt, Pfefferkörnern und 1 l Wasser in einem großen Topf aufkochen.

2 Rindfleisch in die Brühe geben und bei mittlerer Hitze langsam bis knapp unter den Siedepunkt erhitzen. Kochlöffel zwischen Topf und Deckel legen und das Fleisch so fast zugedeckt bei schwacher Hitze 2 1/4 Stunden gar ziehen lassen.

3 Backofen auf 240 °C (Umluft 210 °C, Gas Stufe 5) vorheizen. Schalotten und Petersilie sehr fein hacken. Mit Eiern, Semmelbröseln, Crème fraîche und einer kräftigen Prise Salz zu einem streichfähigen Teig vermischen.

4 Fleisch aus der Brühe nehmen und in eine ofenfeste Form mit niedrigem Rand legen. Die abgemessene Brühe um das Fleisch gießen. Den Semmelbröselteig auf dem Fleisch verteilen.

5 Form in den heißen Backofen (mittlere Schiene) stellen. Fleisch etwa 8 Minuten backen, bis die Kruste goldgelb ist.

Beilage: Dazu passen Pellkartoffeln oder Kartoffel-Endiviensalat, Preiselbeerkompott und frisch geriebener Meerrettich.

tipp

Sie brauchen ein flaches Stück vom Rind, das sich beim Garen nicht wölbt. Sonst rutscht die Kruste beim Überbacken in die Sauce.

Für 6 Personen

Zubereitungszeit: knapp 4 Stunden

Pro Portion: 450 kcal, 38 g Eiweiß, 30 g Fett, 3 g Kohlenhydrate

Rinderschmorbraten

1 kg gut abgehangener Schmorbraten (Schwanzstück, Blume)

100 g fetter Speck, in Streifen geschnitten

schwarzer Pfeffer aus der Mühle

Salz

etwas Ingwerpulver

1 EL Butter

1 EL Öl

1 Stück Schweineschwarte

1 Bund Suppengrün

6 schwarze Pfefferkörner

$^1/_4$ l (250 ml) Fleischbrühe (aus Extrakt)

gut $^1/_8$ l (125 ml) Weißwein

1 unbehandelte Zitrone

250 g Sahne oder 200 g Crème fraîche

evtl. 50 g Rosinen

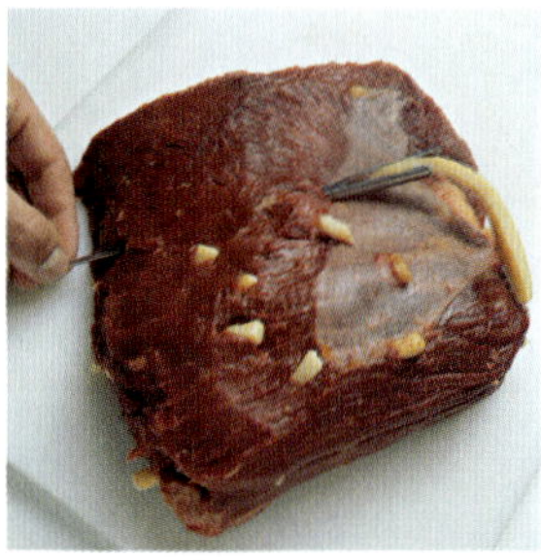

Das rohe Rindfleisch mit den gepfefferten Speckstreifen spicken.

1 Das Fleisch waschen und trocken tupfen. Den Speck in Streifen schneiden und in Pfeffer wenden. Das Fleisch mit den Speckstreifen in der Laufrichtung des Fleischmuskels spicken, also der Länge nach. Mit Salz, Pfeffer und Ingwer einreiben.

2 Die Butter und das Öl in einem eisernen Schmortopf erhitzen und das Fleisch darin von allen Seiten bräunen. Die Schweineschwarte, das in Streifen geschnittene Suppengrün und die Pfefferkörner hinzufügen und ebenfalls etwas anrösten. Mit der Fleischbrühe und dem Wein aufgießen. Von der Zitrone zwei Scheiben abschneiden und hinzugeben. Den Topf sorgfältig schließen. 3 Stunden bei leichter Hitze auf dem Herd oder auf der unteren Schiene im Backofen bei 190°C (Umluft 160°C, Gas Stufe 2) schmoren lassen. Hin und wieder öffnen und, wenn nötig, etwas Fleischbrühe nachgießen.

3 Am Ende der Garzeit das Fleisch herausnehmen und warm stellen. Den Schmorsaft durch ein Sieb streichen, entfetten und in eine kleine Kasserolle geben. Die Sahne hinzugießen und etwas einkochen lassen. Den Schmorbraten in Scheiben schneiden, auf einer Platte anrichten und mit etwas Sauce übergießen. Evtl. 50 g in Wein eingeweichte Rosinen in die Sauce geben.

Beilage: Kartoffelklöße aus gekochten Kartoffeln oder Salzkartoffeln und Rotkohl

Getränkeempfehlung: am besten ein körperreicher Weißburgunder

Für 4 Personen

Zubereitungszeit: 40 Minuten

Pro Portion: 445 kcal, 46 g Eiweiß, 27 g Fett, 4 g Kohlenhydrate

Hüftsteak mit Pilzkruste

600 g Hüftsteak am Stück

Salz

weißer Pfeffer aus der Mühle

3 EL Traubenkernöl

300 g Zuchtpilze, z. B. Shiitake oder Austernpilze, gewürfelt

200 g Rindermark

2 Schalotten, gewürfelt

2 Eigelb

1 Bund Petersilie, frisch gehackt

1–2 EL Semmelbrösel

1 EL feiner Dijonsenf

1 Den Backofen auf 200°C (Umluft 170°C, Gas Stufe 3) vorheizen. Das Fleisch trocken tupfen und mit Salz und Pfeffer würzen. Das Öl in einer Kasserolle erhitzen und das Hüftsteak darin bei starker Hitze von beiden Seiten scharf anbraten. In den Backofen stellen und in 15 Minuten fertig garen, dabei einmal wenden.

2 Die Pilze putzen und in kleine Würfel schneiden. Das Mark in Stücke teilen, in einem Topf bei mittlerer Hitze auslassen, dann durch ein Sieb in eine Pfanne passieren.

3 Die Schalotten- und Pilzwürfel in dem Mark anschwitzen, mit Salz und Pfeffer würzen und vom Herd nehmen. Ein wenig abkühlen lassen, dann die Eigelbe und die Petersilie untermischen. So viel Brösel hinzufügen, dass eine geschmeidige Masse entsteht.

4 Den Grill einschalten. Das gebratene Hüftsteak erst mit Senf, dann mit der Pilzmasse bestreichen und unter dem Grill goldbraun gratinieren.

Beilage: Kartoffelgratin und Senf-Schalotten

Getränkeempfehlung: kräftiger Rotwein, z. B. Châteauneuf-du-Pape

Für 4 – 6 Personen

Zubereitungszeit: 2 – 3 Stunden

Pro Portion bei 4 Personen: 350 kcal, 44 g Eiweiß, 18 g Fett, 4 g Kohlenhydrate

Wiener Tafelspitz

1 kg Rindfleisch aus der Hinterkeule, z. B. Hüftstück

500 g Suppenknochen

Salz

1 Stange Porree, in Scheiben geschnitten

1 Möhre, in Scheiben geschnitten

1/2 Sellerieknolle, in Scheiben geschnitten

1 Zwiebel

6 weiße Pfefferkörner

1 Das Fleisch und die Knochen kurz waschen.

2 Die Suppenknochen mit 2 l Wasser und Salz zum Kochen bringen. Vom Porree das untere Ende und die grünen Blätter abschneiden und sie wie die geschälte Möhre und die Sellerieknolle in Scheiben schneiden. Die Zwiebel schälen.

3 Fleisch, Gemüse und Pfefferkörner in das Wasser geben und die Suppe aufkochen lassen. Den Topf mit einem Deckel verschließen und die Hitze reduzieren.

4 In der ersten Stunde den sich bildenden Schaum regelmäßig abschöpfen. Das Fleisch in 2 – 3 Stunden mehr ziehen als kochen lassen, bis es gar ist. Auf eine vorgewärmte Platte legen und in fingerbreite Scheiben schneiden. Mit etwas Kochbrühe begießen.

Beilage: frisch geriebener Meerrettich, Brat- oder Salzkartoffeln, Spinat oder Porree

Getränkeempfehlung: Bier oder Grüner Veltliner

Für 2 Personen

Zubereitungszeit: 30 Minuten

Pro Portion: 295 kcal, 32 g Eiweiß, 7 g Fett, 13 g Kohlenhydrate

Kalbsfilet mit karamellisierten Zwiebeln

6 mittelgroße Zwiebeln, geviertelt

1 EL Öl

1 TL Zucker

300 g Kalbsfilet

Salz

weißer Pfeffer aus der Mühle

1/8 l (125 ml) Rosé
(z. B. badischer Weißherbst)

1 Die Zwiebeln schälen und vierteln. Das Öl in einer großen, beschichteten Pfanne erhitzen, die Zwiebelviertel hinzufügen und bei mittlerer Hitze kurz anbraten.

2 Unter Rühren die Zwiebeln mit Zucker bestreuen und leicht karamellisieren lassen.

3 Das Kalbsfilet waschen, trocken tupfen und mit Salz und Pfeffer einreiben.

4 Die Zwiebeln an den Pfannenrand schieben und das Fleisch in dem Bratfett rundherum anbraten.

5 Mit dem Wein aufgießen und zugedeckt bei schwacher Hitze in etwa 6 – 8 Minuten gar dünsten, dabei gelegentlich umrühren.

Beilage: knuspriges Weißbrot

Getränkeempfehlung: ein gehaltvoller Weißwein, z. B. ein Weißburgunder oder ein spanischer Verdejo

Für 6 Personen

Zubereitungszeit: 2 Stunden

Pro Portion: 410 kcal, 37 g Eiweiß, 23 g Fett, 4 g Kohlenhydrate

Geschmorte Kalbsnuss

1 kg Kalbsnuss (Blume)

Salz

weißer Pfeffer aus der Mühle

100 g fetter Speck in Scheiben

2 EL Butter

1 Stück Speckschwarte

1 Zwiebel, in Streifen geschnitten

2 Möhren, in Streifen geschnitten

1 Stange Staudensellerie, in Streifen geschnitten

1 Kräutersträußchen (1 Zweig Thymian, 1/2 Lorbeerblatt, 2 Stängel Petersilie)

2 Tomaten

0,3 l (300 ml) Weißwein

1. Das Fleisch kurz waschen, trocken tupfen und mit Salz und Pfeffer einreiben. Dann in die Speckscheiben hüllen und diese mit Küchengarn umwickeln.

2. Die Butter in einem Schmortopf zerlassen und den Braten darin von allen Seiten anbraten.

3. Den Backofen auf 200°C (Umluft 170°C, Gas Stufe 3) vorheizen. Die Speckschwarte in Stücke schneiden und das geputzte Gemüse in Streifen schneiden. Mit dem Kräutersträußchen in den Schmortopf geben. Die Tomaten überbrühen, häuten und in Stücke schneiden. Zu dem Fleisch geben und alles zusammen 5 Minuten braten lassen. Ein Viertel des Weines angießen. Den Topf fest verschließen und den Braten auf der mittleren Schiene im Backofen 1 1/2 Stunden schmoren lassen.

4. Das Fleisch aus dem Topf nehmen und warm stellen. Den Bratensaft mit dem restlichen Wein aufgießen und 10 Minuten kochen lassen. Die entstandene Sauce und das Gemüse durch ein Sieb streichen und evtl. noch einmal etwas einkochen lassen. Den Speck vom Fleisch entfernen, den Braten in Scheiben schneiden und auf einer vorgewärmten Platte anrichten.

Beilage: glasierte Karotten, junge Erbsen mit Minze und Nudeln

Getränkeempfehlung: trockener Weißwein von der Loire

tipp

Man kann den Braten auch mit Speckstreifen spicken, wie es in Frankreich üblich ist. Oder den Braten mit Frühlingsgemüsen umlegen, dann ist es ein Kalbsbraten auf Gärtnerinnenart.

Für 6 Personen

Zubereitungszeit: 20 Minuten, Bratzeit: 1 – 1 1/2 Stunden

Pro Portion: 350 kcal, 37 g Eiweiß, 25 g Fett, 3 g Kohlenhydrate

Kalbskeule mit Sahnesauce

1 kg Kalbfleisch (aus der Keule)

Salz

Pfeffer

4 dünne Scheiben durchwachsener Speck

2 EL Butter

1 Bund Suppengrün, in Streifen geschnitten

1 Zwiebel, gewürfelt

1 Tomate

einige Pfefferkörner

1/4 l (250 ml) Weißwein

250 g Sahne oder 200 g Crème fraîche

1 Das Fleisch mit Salz und Pfeffer einreiben, mit den Speckscheiben umwickeln und diese mit einem Baumwollfaden befestigen. Den Backofen auf 200 °C (Umluft 170 °C, Gas Stufe 3) vorheizen.

2 Die Butter in einem Schmortopf erhitzen und das Kalbfleisch darin rundherum hellbraun braten. Das in Streifen geschnittene Suppengrün und die Zwiebelwürfel hinzufügen und ebenfalls anrösten. Die Tomaten brühen, abziehen und klein schneiden, dabei das gelbe Mark und die Kerne zurücklassen, dann mit den Pfefferkörnern zum Fleisch geben. Mit dem Wein aufgießen.

3 Den Schmortopf mit einem Deckel verschließen und in den Backofen schieben. In etwa 1 – 1 1/2 Stunden gar schmoren lassen. Die letzten 20 Minuten den Topf öffnen und das Fleisch häufig mit dem Bratensaft und der Hälfte der Sahne begießen. Das Kalbfleisch herausnehmen, den Speck entfernen und das Fleisch warm stellen.

4 Die restliche Sahne in die Sauce gießen, ein paar Mal durchkochen lassen und durch ein Sieb streichen. Das Fleisch in Scheiben schneiden und die Sauce getrennt dazu reichen.

Beilage: Spätzle, Salat, hausgemachte Nudeln, Leipziger Allerlei

Für 4 Personen

Zubereitungszeit: 1 Stunde 50 Minuten, Marinierzeit: 1 Nacht

Pro Portion: 385 kcal, 54 g Eiweiß, 12 g Fett, 11 g Kohlenhydrate

Kalbshaxe in Orangensauce

1 unbehandelte Orange
2 Knoblauchzehen, geschält
3 EL Olivenöl
2 EL Zitronensaft
1 fein gehackte **Möhre**
1/8 l (125 ml) Orangensaft
100 g gehackte **Zwiebeln**
3–4 Pimentkörner
4 Scheiben Kalbshaxe (ca. 1 kg)
Pfeffer aus der Mühle
1 Lorbeerblatt
Salz
1/2 TL Zitronenpfeffer
0,12 l (120 ml) Weißwein
2 Msp. Fleischextrakt
1 Prise Cayennepfeffer
1 EL frisch gehackte **Petersilie**

1. Die Orange heiß abwaschen, dünn abschälen und die Schale fein hacken. Die Knoblauchzehe durchpressen.
2. Eine Marinade aus 2 EL Olivenöl, Zitronensaft, Möhre, Orangenschale und -saft, Zwiebeln, Knoblauch und Piment herstellen.
3. Die Kalbshaxenscheiben waschen, trocken tupfen, mit viel Pfeffer bestreuen und in der Marinade wenden, dann in ein flaches Gefäß legen, mit der restlichen Marinade bedecken und das Lorbeerblatt zufügen. Über Nacht im Kühlschrank ziehen lassen.
4. Am nächsten Morgen die Marinade mit einem Teigspachtel von den Fleischscheiben abstreifen, aber aufheben. Die Haxenscheiben von beiden Seiten in 1 EL Olivenöl kurz anbraten und mit etwas Salz und viel Pfeffer bestreuen.
5. Marinade und Zitronenpfeffer zum Fleisch geben. Zugedeckt bei ganz schwacher Hitze 1 1/2 Stunden schmoren lassen. Den Wein nach und nach hinzufügen. Anschließend das Fleisch aus der Sauce nehmen und warm stellen.
6. Die Sauce mit Fleischextrakt, Salz und Cayennepfeffer abschmecken und ohne Lorbeerblatt über das Fleisch verteilen. Mit Petersilie bestreut servieren.

Die gut gewaschene Orange sehr dünn abschälen und die Schale fein schneiden.

Haxenscheiben pfeffern, mit der Marinade bedecken und mehrere Stunden ziehen lassen.

Das gegarte Fleisch herausnehmen, danach die Sauce geschmacklich abrunden.

sola

Für 6 Personen

Zubereitungszeit: 2 Stunden 30 Minuten

Pro Portion: 596 kcal, 45 g Eiweiß, 45 g Fett, 3 g Kohlenhydrate

Lammbraten mit Minzsauce

1 Lammkeule (ca. 1,5 kg)

Salz

weißer Pfeffer aus der Mühle

etwas Rosmarin

Minzsauce

1 Sträußchen frische Minze, frisch gehackt

2 TL Zucker

3 EL heißes Wasser

6 EL Essig

1 Den Backofen auf 220 °C (Umluft 190 °C, Gas Stufe 4) vorheizen. Das Fleisch kurz waschen, trocken tupfen und mit Salz, Pfeffer und Rosmarin einreiben. Auf den Rost einer Bratenpfanne oder in einen großen, länglichen Schmortopf legen und in die Bratenpfanne 1 Tasse Wasser gießen. Auf die mittlere Schiene des Backofens schieben, diesen nach 20 Minuten auf 190 °C (Umluft 160 °C, Gas Stufe 2) herunterschalten und den Braten in 1 1/2 – 2 Stunden braten, dabei das Fleisch hin und wieder wenden.

2 Für die Minzsauce die Minzblätter fein hacken, in eine Sauciere geben, mit dem Zucker bestreuen und mit dem heißen Wasser übergießen. Umrühren, bis sich der Zucker gelöst hat. Den Essig hinzugeben und 1 – 2 Stunden stehen lassen; der Geschmack der Minze muss sich dem Essig mitteilen.

3 Die fertige Lammkeule vor dem Anschneiden 15 Minuten stehen lassen. Die Sauce kalt dazu reichen.

Beilage: Ofenkartoffeln und grüne Bohnen

Getränkeempfehlung: kräftiger, reifer Rotwein, am besten ein guter Bordeaux

tipp

Nach dem gleichen Rezept kann man auch eine Hammelkeule zubereiten. Die Garzeit ist entsprechend länger.

Für 6 Personen

Zubereitungszeit: 1 Stunde 30 Minuten

Pro Portion: 1448 kcal, 53 g Eiweiß, 131 g Fett, 7 g Kohlenhydrate

Lammrücken in Wacholderrahm

2 kg Lammrücken

3 EL Wacholderbeeren

Salz

schwarzer Pfeffer aus der Mühle

50 g Butterschmalz

3 Zwiebeln, fein gewürfelt

1 Möhre, grob gewürfelt

1 Stange Porree, in Scheiben geschnitten

3 Lorbeerblätter

2 Gewürznelken

1/4 l (250 ml) Rotwein

1/8 l (125 ml) Fleischbrühe (aus Extrakt)

1 EL Weinessig

400 g Schmand (24% Fett)

1 Lammrücken häuten und in Form schneiden. Haut und Abschnitte aufheben. Die unteren kleinen Filets auslösen, kalt stellen.

2 Die Wacholderbeeren in einem Mörser zerdrücken, den Rücken mit der Hälfte davon gut einreiben, mit Salz und Pfeffer würzen.

3 Den Lammrücken in die Saftpfanne des Backofens legen, mit heißem Butterschmalz begießen.

4 Die Zwiebeln würfeln. Möhre und Porree in kleine Stücke schneiden. Mit den Lorbeerblättern, Nelken und Hautabschnitten um den Rücken herum in der Saftpfanne verteilen. Im vorgeheizten Backofen bei 230–250°C (Umluft 220°C, Gas Stufe 3–4) 60 Minuten braten.

5 Rotwein, Brühe und Essig mischen. Den Bratansatz mit der Hälfte der Flüssigkeit ablöschen. Den Lammrücken aus dem Ofen nehmen, dick in Alufolie einschlagen und ruhen lassen.

6 Den Pfanneninhalt in einen kleinen Topf umfüllen, Bratansatz mit dem restlichen Weingemisch mit einem Kochlöffel ablösen, mit Schmand und den restlichen Wacholderbeeren 5 Minuten kräftig kochen lassen. Sauce durch ein Sieb gießen.

7 Die kleinen Filets mit Salz und Pfeffer würzen, in heißem Butterschmalz unter häufigem Drehen 5 Minuten braten, in Alufolie ruhen lassen.

8 Das Rückenfleisch mit einem schmalen, scharfen Messer vom Knochen lösen, schräg in Scheiben schneiden, wieder auf den Rückenknochen legen, mit den Filets auf einer Platte anrichten.

Beilagen: Champignons, in der Pfanne geschmort, und Salzkartoffeln

Für 4 Personen

Zubereitungszeit: 2 Stunde

Pro Portion: 415 kcal, 44 g Eiweiß, 20 g Fett, 10 g Kohlenhydrate

Lammschulter im Römertopf

1 kg Lammschulter ohne Knochen

Salz

schwarzer Pfeffer aus der Mühle

3–4 Knoblauchzehen

1 Gemüsezwiebel, in feine Streifen geschnitten

2 gelbe Paprikaschoten, in feine Streifen geschnitten

1 rote Paprikaschote, in feine Streifen geschnitten

1 frische Pfefferschote

4 Fleischtomaten

5 EL Olivenöl

1 TL abgezupfte Thymianblättchen

1/8 l trockener Weißwein

1 EL gehackte **Petersilie**

1 Den Römertopf wässern. Die Lammschulter waschen, trocken tupfen und mit Salz und Pfeffer einreiben. Knoblauch schälen, in längliche Stifte schneiden und das Fleisch damit spicken.

2 Zwiebel schälen, Paprikaschoten und Pfefferschote waschen, halbieren und von Stängelansätzen und Samenkernen befreien. Das Gemüse in feine Streifen schneiden.

3 Tomaten mit kochendem Wasser überbrühen, kalt abbrausen, dann häuten und ohne Stängelansätze und Kerne in Stücke teilen.

4 Das Gemüse in den Römertopf geben, mit Öl begießen, mit Thymian, Salz und Pfeffer würzen und die Lammschulter darauflegen. Mit Wein begießen und zugedeckt 1 1/2 Stunden bei 250 °C (Umluft 220 °C, Gas Stufe 5) garen, dabei das Fleisch nach der Hälfte der Garzeit wenden.

5 Die Schulter herausnehmen, zugedeckt kurz ruhen lassen, dann in Scheiben schneiden und auf dem Gemüse anrichten. Mit Petersilie bestreut servieren.

Beilage: Fladenweißbrot

Getränkeempfehlung: roter Landwein aus Griechenland

Die Lammschulter gleichmäßig mit Knoblauchstiften spicken.

Die Lammschulter gart auf einem Gemüsebett.

Für 4 Personen

Zubereitungszeit: 1 Stunde 40 Minuten

Pro Portion: 630 kcal, 48 g Eiweiß, 45 g Fett, 8 g Kohlenhydrate

Gekochte Lammschulter auf Gemüsebett

1 kg Lammschulter (ohne Knochen)

Salz

schwarzer Pfeffer aus der Mühle

2 Knoblauchzehen, geschält

1 Bund Suppengrün, klein geschnitten

1 Zwiebel, geviertelt

5 Pfefferkörner

2 Lorbeerblätter

2 Zweige Thymian

1 Zweig Rosmarin

2 Salbeiblätter

1 l Wasser

2 EL Aceto Balsamico

4 Möhren, in Scheiben geschnitten

1 Kohlrabiknolle, in Stifte geschnitten

200 g zarte grüne Bohnen

1 EL frisch gehackte **Petersilie**

1 Die Lammschulter waschen, trocken tupfen und mit Salz, Pfeffer und durchgepresstem Knoblauch einreiben.

2 Das Suppengrün waschen und klein schneiden, die Zwiebel schälen und vierteln. Alles mit den Pfefferkörnern und Kräutern in einen Schmortopf geben, Wasser und Essig dazugießen und bei starker Hitze zum Kochen bringen. Dann die gewürzte Lammschulter hineinlegen und zugedeckt bei schwacher Hitze etwa 1 Stunde 15 Minuten garen lassen.

3 Währenddessen Möhren und Kohlrabi schälen und die Bohnen an den Enden abknipsen, falls nötig, entfädeln. Das Gemüse waschen, dann Möhren in dünne Scheiben, Kohlrabi in schmale Stifte schneiden, die Bohnen ganz lassen.

4 Die gegarte Lammschulter aus der Brühe nehmen und mit Alufolie umhüllt ruhen lassen. Die Brühe durch ein Sieb gießen und erneut zum Kochen bringen. Erst die Möhren und Kohlrabi hineingeben und etwa 5 Minuten kochen lassen, dann die Bohnen hinzufügen und in wenigen Minuten al dente garen. Das Gemüse mit einem Schaumlöffel in eine tiefe Fleischplatte geben, den Sud bei starker Hitze etwas einkochen lassen.

5 Die Lammschulter in dünne Scheiben schneiden und auf dem Gemüse anrichten. Mit Fleischbrühe begießen und mit Petersilie bestreut servieren.

Beilage: Salzkartoffeln

tipp

Auch die vorderen, etwas kleineren Lammhaxen werden, auf diese Weise gegart, sehr saftig. Das Gemüse kann je nach Jahreszeit ausgetauscht werden.

Für 4 Personen

Vorbereitungszeit: 40 Minuten

Pro Portion: 350 kcal, 46 g Eiweiß, 20 g Fett, 6 g Kohlenhydrate

Hähnchenpaprikasch

1 Hähnchen (ca. 1 kg)

Salz

schwarzer Pfeffer aus der Mühle

1 EL Paprika, edelsüß

3 rote Paprikaschoten, in Würfel geschnitten

2 große Zwiebeln, in Würfel geschnitten

2 EL Öl

1 EL Tomatenmark

$^1/_4$ l (250 ml) Hühnerbrühe (aus Extrakt)

2 EL frisch gehackte **Petersilie**

4 EL Sauerrahm

1 Das Hähnchen waschen, trocken tupfen und in Teile zerschneiden, mit Salz, Pfeffer und Paprika einreiben.

2 Die gewaschenen und geputzten Paprikaschoten in ca. 1 cm große Würfel schneiden, ebenso die Zwiebeln.

3 Das Öl in einer beschichteten, großen Pfanne erhitzen und die Zwiebeln darin bei mittlerer Hitze glasig braten. Die Paprikawürfel zugeben und kurz mitbraten.

4 Die Hähnchenteile in die Gemüsemischung geben und unter Rühren andünsten. Das Tomatenmark unterrühren und mit der Brühe aufgießen. Die Pfanne mit dem Deckel verschließen und das Paprikasch bei schwacher Hitze etwa 20 Minuten köcheln lassen, dabei gelegentlich umrühren. Mit Petersilie und Sauerrahm servieren.

Beilage: Reis oder knuspriges Baguette

Getränkeempfehlung: gesüßter Pfefferminztee, gekühlt, mit Apfelsaft und einem Spritzer Mineralwasser mit Kohlensäure aufgegossen

Für 2 Personen

Zubereitungszeit: 1 Stunde

Pro Portion: 595 kcal, 63 g Eiweiß, 30 g Fett, 3 g Kohlenhydrate

Geschmorte Hähnchenkeulen mit Oliven

4 Hähnchenkeulen

Salz

schwarzer Pfeffer aus der Mühle

3 gehackte **Schalotten**

2 EL Olivenöl

1 TL abgezupfte **Thymianblättchen**

6 EL trockener Weißwein

12 schwarze Oliven

2 Tomaten

2 EL gehackte **Petersilie**

1 Die Hähnchenkeulen mit Salz und Pfeffer einreiben. Die Schalottenwürfel in dem Öl in einem Schmortopf glasig braten.

2 Die Keulen hineingeben, darin wenden und mit Thymian bestreuen. Mit Wein aufgießen und zugedeckt 45 Minuten schmoren lassen, dabei die Keulen einmal wenden.

3 Die Oliven halbieren, entkernen, Tomaten blanchieren, häuten, vierteln und zu den Hähnchenteilen geben. Ohne Abdeckung noch 15 Minuten einkochen lassen. Mit Petersilie bestreut servieren.

Beilage: knuspriges Baguette

Getränkeempfehlung: Rosé aus der Provence

0,75 l

Für 4 Personen

Zubereitungszeit: 1 Stunde

Pro Portion: 325 kcal, 32 g Eiweiß, 20 g Fett, 2 g Kohlenhydrate

Hühnerbrüstchen mit Kräuterfülle

300 g TK-Blattspinat, aufgetaut

20 g Butter

Salz

weißer Pfeffer aus der Mühle

frisch geriebene **Muskatnuss**

2 fleischige Hühnerbrusthälften (je ca. 150 g)

2 EL gehackte Kräuter (z. B. Petersilie, Schnittlauch, Basilikum, Estragon)

3 EL frisch geriebener **Hartkäse** (Emmentaler oder Gouda)

2 Eigelb

3 EL Crème fraîche

1 Den Blattspinat in eine feuerfeste Form geben und mit Flöckchen aus der Butter belegen, mit Salz, Pfeffer und Muskat bestreuen.

2 In die Hühnerbrüstchen eine Tasche schneiden und innen und außen mit Salz und Pfeffer würzen. Den Backofen vorheizen (180 °C, Umluft 150 °C, Gas Stufe 2).

3 Die Kräuter mit 1 EL Käse und 1 Eigelb verrühren. Diese Masse in die beiden vorbereiteten Fleischtaschen streichen und wieder zusammenklappen.

4 Die gefüllten Brüstchen nebeneinander auf den Spinat legen und 30 Minuten im Backofen zugedeckt vorgaren.

5 Den Grill einschalten. Die Crème fraîche mit dem restlichen Käse und dem Eigelb verrühren. Die Brüstchen wenden, die Käsecreme darüber verteilen und 5 – 8 Minuten überbacken.

Beilage: Salzkartoffeln

Getränkeempfehlung: spritziger italienischer Weißwein, z. B. Verdicchio

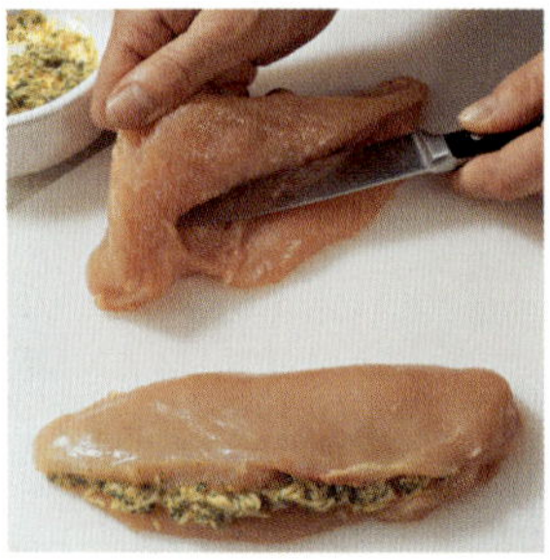

Mit einem scharfen Messer Taschen in die Hühnerbrüstchen schneiden und mit der Kräutermasse füllen.

Für 4 Personen

Zubereitungszeit: 1 Stunde

Pro Portion: 815 kcal, 64 g Eiweiß, 47 g Fett, 22 g Kohlenhydrate

Mexikanisches Huhn mit Schokoladensauce

1 Poularde (ca. 1,5 kg)

Salz

60 g Schweineschmalz

5 rote Pfefferschoten (Chilis)

1/4 l (250 ml) Hühnerbrühe (aus Extrakt)

60 g Mandeln, Schale abgezogen

2 kleine Zwiebeln, grob gehackt

1 Knoblauchzehe, grob gehackt

2 mittelgroße Tomaten (ca. 200 g)

1/2 Tortilla (Fertigprodukt)

1 EL Rosinen

1 EL Sesamkörner

je 1 Msp. Zimt, gemahlene **Nelken,** gemahlene **Korianderkörner und Anis**

schwarzer Pfeffer aus der Mühle

80 g bittere Schokolade

1 Den Backofen auf 200°C (Umluft 170°C, Gas Stufe 3) vorheizen. Die Poularde waschen, trocken tupfen und mit einem scharfen Messer oder einer Küchenschere in 8 Teile zerlegen. Mit Salz einreiben.

2 In einen Schmortopf auf dem Herd 30 g Schmalz erhitzen und die Geflügelteile darin von allen Seiten anbraten. Dann den Topf auf die mittlere Schiene in den Backofen stellen und die Geflügelteile in 45 Minuten hellbraun braten.

3 In der Zwischenzeit die Pfefferschoten in Scheiben schneiden, dabei die kleinen weißen Kerne entfernen. Mit der kochenden Hühnerbrühe übergießen und 30 Minuten stehen lassen.

4 Die Mandeln mit kochendem Wasser überbrühen und abziehen. Die geschälten Zwiebeln und die Knoblauchzehe grob hacken. Die Tomaten blanchieren, häuten und in Viertel schneiden, dabei das harte gelbe Mark zurücklassen. Die Tortilla zerbröseln.

5 Die Mandeln in einer Küchenmaschine klein hacken. Zwiebeln, Knoblauch, Tomaten, Tortillabrösel, Rosinen und die Gewürze sowie 1/2 TL Salz hinzufügen und zu einem glatten Püree verarbeiten. Durch ein feines Sieb streichen.

6 Das restliche Schmalz in einem Topf zerlassen und die Tomatenmasse hinzufügen. 5 Minuten durchschmoren. Dann die Schokolade zerbröckeln und in die Sauce geben. Köcheln lassen, bis die Schokolade geschmolzen ist.

7 Den Bratensatz entfetten und mit etwas kochendem Wasser ablösen. Die Schokoladensauce hinzufügen und die Poulardenstücke darauflegen. Noch einmal kurz erwärmen, dann sofort anrichten.

Beilage: Tortillas oder Reis und Salat

Getränkeempfehlung: Bier oder 1 Glas Tequila

Für 4 Personen

Zubereitungszeit: 1 Stunde 10 Minuten

Pro Portion: 571 kcal, 63 g Eiweiß, 38 g Fett, 8 g Kohlenhydrate

Junges Brathuhn

1 junges fleischiges Brathuhn (1–1,2 kg)

1/2 Bund Suppengrün, klein geschnitten

Salz

weißer Pfeffer aus der Mühle

1 Bund Petersilie

1 EL Butter

1/8 l (125 ml) Fleischbrühe (aus Extrakt)

2 Möhren, in Stücke geschnitten

3 Stängel Petersilie

1/2 Petersilienwurzel, in Stücke geschnitten

3 EL Butter zum Bestreichen und zum Abrunden der Sauce

1 TL Salz

1/8 l (125 ml) Wasser oder Bier

1 Das Geflügelklein (Hals, Flügel, Magen, Herz) und das klein geschnittene Suppengrün mit Wasser bedeckt weich kochen. Salzen.

2 Den Backofen auf 200 °C (Umluft 170 °C, Gas Stufe 3) vorheizen.

3 Das gewaschene und trocken getupfte Huhn von innen mit Salz und Pfeffer einreiben. In das Innere den Bund Petersilie und 1 EL Butter geben.

4 In die Grillpfanne des Backofens die Fleischbrühe gießen und das geputzte, in Stücke geschnittene Gemüse und die Petersilienstängel hinzufügen. Das Brathuhn auf den Rost legen und mit flüssiger Butter bestreichen. Über die Grillpfanne auf die untere Schiene in den Backofen schieben und unter häufigem Bepinseln mit flüssiger Butter in etwa 45 Minuten gar braten. Gegen Ende der Garzeit mehrmals leicht mit Salzwasser oder Bier bepinseln, damit die Haut schön knusprig wird.

5 Das Brathuhn herausnehmen, und zwar so, dass der Saft aus dem Inneren in die Fettauffangschale läuft. Das Geflügel mit der Brust nach unten warm stellen.

6 Den entstandenen Bratensaft mit dem Gemüse und der Geflügelbrühe in einen Topf gießen und etwas einkochen lassen. Durch ein Sieb streichen und mit einem Stückchen frischer Butter abrunden. Die Sauce getrennt zu dem Brathuhn servieren.

Beilage: junges buntes Frühlingsgemüse und neue Kartoffeln

Getränkeempfehlung: spritziger Moselwein

Für 4 Personen

Zubereitungszeit: 1 Stunde 20 Minuten

Pro Portion: 733 kcal, 54 g Eiweiß, 38 g Fett, 41 g Kohlenhydrate

Putenkeulen mit Pflaumen

1 kg Putenkeule
Salz
Pfeffer aus der Mühle
3 EL Öl
1 EL Kräutersenf
250 g Sahne
250 g entsteinte Trockenpflaumen
2 EL Johannisbeergelee
1 TL Sojasauce
20 g Mehl

1 Die Putenkeulen mit Salz und Pfeffer einreiben. Das Öl in einer Pfanne erhitzen und die Putenkeulen einige Minuten darin anbraten. Mit Wasser ablöschen und den Senf unterrühren. Die Putenkeulen zugedeckt etwa $1\frac{1}{2}$ Stunden bei schwacher Hitze schmoren lassen. Die Putenkeulen aus der Pfanne nehmen und warm stellen.

2 Den Bratensud mit Sahne und Wasser bis auf $\frac{1}{2}$ l auffüllen. Die Trockenpflaumen und das Johannisbeergelee unterrühren, die Sojasauce zugeben, die Sauce abschmecken und aufkochen. Das Mehl mit Wasser glatt rühren, die Sauce damit binden und zum Fleisch servieren.

Beilage: Kartoffeln, Bandnudeln, frische Salate

Getränkeempfehlung: 1 l Malventee aufbrühen, 5 Minuten ziehen, dann abkühlen lassen. Mit 3 EL gesüßtem Sanddornsaft verrühren, mit Zimt- und Nelkenpulver abschmecken. Mit Mineralwasser aufgießen und mit Zitronenscheibe servieren.

Für 4 Personen

Zubereitungszeit: 1 Stunde

Pro Portion: 290 kcal, 39 g Eiweiß, 8 g Fett, 9 g Kohlenhydrate

Glasierte Truthahnbrust

600–800 g Truthahnbrust

Salz

weißer Pfeffer aus der Mühle

2–3 EL Butterschmalz

1 Möhre, grob gewürfelt

2 EL Honig

1 TL Senfpulver

1 Zwiebel, grob gewürfelt

0,1 l (100 ml) Sherry

ca. 1/2 l (500 ml) Geflügelbrühe oder -fond (Fertigprodukt)

1 Den Backofen auf 220°C (Umluft 190°C, Gas Stufe 4) vorheizen. Die Truthahnbrust mit Salz und Pfeffer würzen. Das Butterschmalz erhitzen, die Truthahnbrust hineingeben und unter häufigem Wenden auf der unteren Schiene des Backofens 35 Minuten braten. Anschließend 10 Minuten ruhen lassen.

2 Die Möhre putzen, schälen und grob würfeln. Den Honig mit dem Senfpulver vermischen.

3 10 Minuten vor Ende der Bratzeit die Möhren- und die Zwiebelwürfel in den Bräter geben. Die Oberfläche der Truthahnbrust mit der Honig-Senfpulver-Mischung mehrmals bestreichen. Nicht mehr wenden.

4 Die fertige Truthahnbrust aus dem Ofen nehmen und warm stellen. Das Bratfett aus der Pfanne gießen und den Bratensatz mit dem Sherry loskochen. Mit der Brühe oder dem Fond auffüllen und die Sauce auf die Hälfte einkochen. Eventuell mit Salz und Pfeffer abschmecken und durch ein Sieb gießen. Die Truthahnbrust aufschneiden und anrichten. Die Sauce separat servieren.

Beilage: Kartoffelkrapfen, Rosenkohl

Getränkeempfehlung: Chianti Classico, Merlot oder Rioja

tipp

Die Truthahnbrust darf nicht zu heiß und nicht zu lange gebraten werden, sonst wird sie trocken. Nach dem Braten ist es wichtig, dass man das Fleisch noch etwas stehen lässt.

Für 4 Personen

Zubereitungszeit: 2 Stunden 30 Minuten

Pro Portion: 650 kcal, 57 g Eiweiß, 42 g Fett, 14 g Kohlenhydrate

Babyputer italienische Art

Füllung

je 200 g Puten- und Schweinefleisch

50 g Sahne

1/2 Eiweiß, Salz

schwarzer Pfeffer aus der Mühle

100 g durchwachsener Speck, fein gewürfelt

20 g schwarze Trüffel

30 g Rosinen

1 TL Butter, 1 TL Zucker

100 g gekochte Kastanien (Fertigprodukt)

etwas Butter

30 g Walnüsse, klein gehackt

1 Babyputer (ca. 1,5 kg)

Salz, schwarzer Pfeffer aus der Mühle

150 g Butter

1 Zweig Rosmarin

getrocknete Salbeiblätter

1 Möhre, gewürfelt

1 Stange Staudensellerie, gewürfelt

1 Zwiebel, gewürfelt

1/8 l (125 ml) Weißwein

Garnitur

16 kleine Zwiebelchen

60 g Butter

9 gekochte Kastanien (Fertigprodukt)

1 Prise Zucker

1 Glas Senffrüchte (100 g)

1 Für die Füllung Puten- und Schweinefleisch in kleine Stücke schneiden, in die Küchenmaschine geben, Sahne und Eiweiß hinzufügen, salzen, pfeffern und alles fein pürieren. In eine Schüssel füllen. Speck und Trüffel in kleine Würfel schneiden. Die Rosinen in Wasser einweichen, auf ein Sieb geben und gut abtropfen lassen.

2 Butter in eine kleine Pfanne geben, Zucker darin hellbraun karamellisieren lassen und die Kastanien darin kurz schwenken. Die klein geschnittenen Kastanien mit den Walnüssen, dem Speck, den Trüffeln und den Rosinen zur pürierten Fleischmischung geben. Alles miteinander vermischen und ziehen lassen.

3 Den Puter entbeinen. Innen und außen waschen, trocken tupfen, innen und außen herzhaft salzen und pfeffern. Die Halsöffnung mit einem Baumwollfaden zunähen. Den Puter mit der Füllung füllen und zunähen.

4 Den Backofen auf 170 °C (Umluft 140 °C, Gas Stufe 1) vorheizen. In einem großen Bratentopf 100 g Butter auf dem Herd erhitzen, den Rosmarinzweig und einige Salbeiblättchen hinzufügen. Nach kurzer Zeit den Puter hineingeben und von allen Seiten anbraten.

5 Möhre-, Sellerie- und Zwiebelwürfel hinzufügen. Kurz durchschmoren lassen und mit dem Wein ablöschen. Den Topf auf die untere Schiene in den Backofen stellen und den Puter 1 1/2 Stunden braten lassen. Wenn nötig, etwas Wasser nachgießen.

6 Für die Garnitur die kleinen Zwiebeln schälen, in der Butter langsam weich schmoren, zum Schluss die Kastanien hinzufügen und mit einer Prise Zucker karamellisieren. Den Puter aus dem Topf nehmen und warm stellen. Den Bratensaft durch ein Sieb in einen Topf geben und die restliche Butter mit dem Schneebesen einrühren. Den tranchierten Puter auf einer vorgewärmten Platte anrichten, mit Zwiebelchen, Kastanien und Senffrüchten garnieren. Die Sauce getrennt dazu reichen.

Für 4 Personen

Zubereitungszeit: 30 Minuten

Pro Portion: 870 kcal, 50 g Eiweiß, 65 g Fett, 5 g Kohlenhydrate

Gebratene Entenbrüste mit Mandeln und Ingwer

4 ausgelöste Entenbrüste

Salz

schwarzer Pfeffer aus der Mühle

1 Bund Frühlingszwiebeln, in feine Ringe geschnitten

50 g frische Ingwerwurzel, fein gewürfelt

4 EL Sesamöl

1/4 l (250 ml) Geflügelfond (aus dem Glas oder selbst gemacht)

4 cl (40 ml) Himbeeressig

1 cl (10 ml) Sojasauce

2 cl (20 ml) roter Portwein

6 cl (60 ml) trockener Rotwein

100 g geröstete Mandeln, gehackt

1 Den Backofen auf 200°C (Umluft 170°C, Gas Stufe 3) vorheizen. Die Entenbrüste mit Salz und Pfeffer würzen.

2 Die Frühlingszwiebeln gründlich waschen und in feine Ringe schneiden. Die Ingwerwurzel schälen und in kleine Würfel schneiden. 2 EL Sesamöl in einer Pfanne erhitzen, Zwiebeln und Ingwer darin glasig braten. Mit Fond, Essig, Sojasauce, Portwein und Wein aufgießen und bei starker Hitze etwas einkochen lassen. Geröstete Mandelsplitter zufügen. Eventuell mit Salz und Pfeffer abschmecken.

3 Das restliche Sesamöl in einer zweiten Pfanne erhitzen und die Brüste darin bei starker Hitze von beiden Seiten jeweils 2–3 Minuten anbraten. Das Fleisch auf eine feuerfeste Platte legen, auf die mittlere Schiene in den Backofen stellen und in 5 Minuten fertig garen.

4 Die Haut der fertigen Brüstchen vorsichtig ablösen und das Fleisch zugedeckt ruhen lassen. Die Haut in feine Streifen schneiden, zurück in die Bratpfanne geben und bei starker Hitze knusprig braun braten.

5 Die gehäuteten Entenbrüste in feine Scheiben schneiden und zusammen mit der krossen Haut und der Mandel-Ingwer-Sauce anrichten.

Beilage: Naturreis mit Rosinen

Getränkeempfehlung: feinwürziger Traminer, z. B. aus Franken oder Baden

tipp

Das Gericht muss sofort serviert werden, da sonst die knusprige Haut wieder weich wird.

Für 4 Personen

Zubereitungszeit: 1 Stunde 30 Minuten

Pro Portion: 863 kcal, 36 g Eiweiß, 40 g Fett, 23 g Kohlenhydrate

Ente mit Teltower Rübchen

1 junge Ente (1,5 kg)

Salz

weißer Pfeffer aus der Mühle

2 EL Butter

750 g zarte Teltower Rübchen oder **französische Rüben (Navets)**

12 kleine weiße Zwiebeln, geschält

2 EL Entenfett

1 EL Zucker

1 EL Mehl

1/8 l (125 ml) Weißwein

1/8 l (125 ml) Wasser

10 Pfefferkörner

1 EL frisch gehackte **Petersilie**

Die Teltower Rübchen gründlich schälen.

1 Den Backofen auf 220°C (Umluft 190°C, Gas Stufe 4) vorheizen. Die Ente waschen, trocken tupfen und von innen und außen mit Salz und Pfeffer einreiben.

2 Die Hälfte der Butter in einem Brattopf auf dem Herd zerlassen und die Ente darin von allen Seiten anbraten. Im gut verschlossenen Topf auf die untere Schiene in den Backofen stellen und 60–90 Minuten braten. Die letzten 10 Minuten den Deckel abnehmen und die Ente bräunen lassen.

3 Während der Bratzeit der Ente die Teltower Rübchen sorgfältig schaben, die größeren halbieren. Die Zwiebeln abziehen.

4 In einem zweiten Topf die restliche Butter und 2 EL Entenfett erhitzen und die Zwiebeln und die Rübchen unter Schütteln des Topfes anbräunen. Mit dem Zucker bestreuen. Wenn dieser zu karamellisieren beginnt, das Mehl darüberstäuben und mit dem Wein und dem Wasser aufgießen. Herzhaft mit Salz und den Pfefferkörnern würzen. 40 Minuten bei leichter Hitze kochen lassen.

5 Die fertige Ente aus dem Topf nehmen. Das Fett vom Bratensaft abschöpfen. Rübchen und Zwiebeln in den Topf geben und mit dem Bratensaft der Ente vermischen. Die Ente auf das Gemüse legen und noch 10 Minuten auf dem Herd schmoren lassen.

6 Die Ente auf eine heiße Platte legen und mit dem Gemüse umkränzen, das mit der gehackten Petersilie bestreut wird.

Beilage: Salzkartoffeln oder Kroketten

Für 4 Personen

Zubereitungszeit: 1 Stunde 45 Minuten

Pro Portion: 1070 kcal, 67 g Eiweiß, 62 g Fett, 33 g Kohlenhydrate

Junge Ente mit Backobst gefüllt

250 g Backobst

ca. 1/4 l (250 ml) trockener Cidre

1 Ente (ca. 1,8 kg), Salz

schwarzer Pfeffer aus der Mühle

1 EL Aprikosenkonfitüre

1 Msp. gemahlener **Salbei**

1 Msp. Cayennepfeffer

1/8 l (125 ml) Hühnerbrühe (aus Extrakt)

4 cl (40 ml) Calvados

Backobst in Cidre quellen lassen und in die Ente füllen.

Die Ente mit der Konfitüre-Cidre-Mischung bestreichen.

1 Das Backobst in einen Topf geben und mit so viel Cidre begießen, dass die Früchte bedeckt sind. Zugedeckt 15 Minuten köcheln lassen. Den Ofen ausschalten und das Obst noch 15 Minuten quellen lassen.

2 Den Backofen auf 220 °C (Umluft 190 °C, Gas Stufe 4) vorheizen. Die Ente waschen, trocken tupfen und innen und außen mit Salz und Pfeffer einreiben. Das Backobst in einem Sieb abtropfen lassen, die Flüssigkeit aufbewahren. Die Ente mit den eingeweichten Früchten füllen und die Öffnung mit einem Baumwollfaden zunähen.

3 Das Geflügel mit der Brustseite nach unten auf den Rost legen und mit der Fettpfanne darunter auf die untere Schiene stellen und 1 Stunde braten.

4 Die Konfitüre mit 1 EL Cidre verrühren und mit Salbei, Cayennepfeffer und Pfeffer würzen. Die Ente wenden, die Brust mit der Konfitüre-Cidre-Mischung bestreichen und den Bratenfond mit dem Backobstsud aufgießen. Den Backofen zurückschalten und die Ente in 15–20 Minuten bei 200 °C (Umluft 170 °C, Gas Stufe 3) knusprig braten, dabei gelegentlich mit der Hühnerbrühe und 5 Minuten vor Ende der Garzeit mit Calvados begießen.

5 Die Ente herausnehmen und mit Alufolie bedeckt kurz ruhen lassen. Den Bratensatz mit einem Pinsel ablösen, die Sauce entfetten und noch 2–3 Minuten auf dem Herd einkochen lassen.

6 Das Geflügel portionieren und die Füllung sowie die Sauce getrennt reichen.

Beilage: gekochte Kartoffelknödel und Rotkohl

Getränkeempfehlung: Cidre und zum Abschluss ein Calvados

Für 4 Personen

Zubereitungszeit: 2 Stunden

Pro Portion: 781 kcal, 43 g Eiweiß, 33 g Fett, 58 g Kohlenhydrate

Geschmorte Ente auf Kastanienbett

1 Flugente oder 2 Wildenten

Salz

5 EL Öl

1/2 TL Geflügelbrüheextrakt

3 Zweige Thymian

1 Prise Zucker

500 g Champignons

60 g durchwachsener geräucherter Speck, gewürfelt

500 g kochfertige Esskastanien

1/8 l (125 ml) Obstwein

2 Scheiben Toastbrot

1 Die Ente mit kaltem Wasser ausspülen und darauf achten, dass alle Blutgerinnsel und die Lunge aus dem Tier entfernt werden. Das Geflügel trocken tupfen und am Ende des Rückgrats die Fettdrüsen entfernen. Die Ente mit einer Geflügelschere in portionsgroße Stücke zerteilen (2 Keulen, 2 Flügel, 4–6 Bruststücke, Hals und Rückenteil). Die Stücke salzen.

2 Das Öl in einer Bratpfanne erhitzen und das Fleisch von allen Seiten scharf anbraten. Den Geflügelbrüheextrakt in 1 Tasse Wasser auflösen und zusammen mit dem Thymian und der Prise Zucker zum Fleisch geben. Das Fleisch je nach Größe 1 bis 1 1/2 Stunden in der geschlossenen Pfanne bei mittlerer Hitze schmoren lassen.

3 Die Champignons putzen und je nach Größe 1–2-mal durchschneiden. Den Speck würfeln und in einer Pfanne anbraten. Die Kastanien und die Champignons dazugeben und andünsten. Den Obstwein dazugießen und alles bei schwacher Hitze 1/4 Stunde schmoren lassen.

4 Das Toastbrot rösten und sehr fein zerbröseln oder zerreiben. Die Toastbrösel unter das Gemüse mischen. Das Kastanien-Pilz-Gemüse in eine flache Schale geben und die Entenstücke darauf anrichten.

Beilage: Kartoffelgratin, Kroketten, Apfelrotkohl

tipp

Esskastanien (Maronen) kommen im September und Oktober frisch auf den Markt. Zur Vorbereitung die Kastanien kreuzweise einschneiden, im Backofen auf dem Backblech rösten, bis die Schale aufplatzt, und schälen. Gekochte Maronen werden auch als Fertigprodukt angeboten.

Für 6 – 8 Personen

Zubereitungszeit: 3 Stunden 30 Minuten

Pro Portion bei 6 Personen: 1234 kcal, 49 g Eiweiß, 73 g Fett, 92 g Kohlenhydrate

Gefüllter Gänsebraten, Schwarzwälder Art

1 junge Mastgans mit Innereien (ca. 3,5 kg)

1/2 Bund Suppengrün, klein geschnitten

Salz

1 kg Kastanien

1 Gänseherz

1 Gänseleber

300 g Bratwurstfülle (Brät)

2 Scheiben Toastbrot, in Milch eingeweicht

1 Zwiebel, fein gewürfelt

1 Schalotte, fein gewürfelt

1 Knoblauchzehe (kann entfallen), klein geschnitten

2 cl (20 ml) Kirschwasser

1 EL gehackte **Petersilie**

schwarzer Pfeffer aus der Mühle

Bier zum Bestreichen der Gans

1 TL Zucker

Majoran

1 Eine tiefgekühlte Gans am Vorabend aus der Packung nehmen. Die ausgenommene Gans (Herz und Leber beiseite legen) von innen und außen waschen und mit einem Küchentuch abtrocknen Aus dem restlichen Gänseklein, klein geschnittenem Suppengrün und Salz eine Brühe kochen.

2 Die Kastanien seitlich einkerben und im Backofen auf der mittleren Schiene etwa 20 Minuten bei 200 °C (Umluft 170 °C, Gas Stufe 3) backen, sie sollen nicht zu weich sein. Schälen und salzen. Den Backofen anlassen.

3 Gänseherz, in Stücke geschnittene Gänseleber, Bratwurstfülle und das gut ausgedrückte Toastbrot in einer Küchenmaschine pürieren. Die Zwiebel, Schalotte und Knoblauchzehe sowie die Hälfte des Kirschwassers und einige der in Würfel geschnittenen Kastanien hinzufügen. Herzhaft mit Petersilie, Salz und Pfeffer würzen. In die Gans füllen und mit einem Baumwollfaden zunähen.

4 Die Gans mit der Brustseite nach unten in eine Bratenpfanne oder auf den Grillrost der Bratenpfanne legen. 1/8 l kochendes Wasser hinzugießen und die Gans auf die untere Schiene in den Backofen stellen. Eine gute Stunde braten, dann wenden, die Keulen am unteren Ende mit einer Gabel einstechen, damit das Fett herausbraten kann, und das bisher herausgetretene Fett abschöpfen. Nach einer weiteren Bratzeit von etwa 1 1/2 Stunden (Bratzeit pro kg Gans 25 Minuten) die Gans mit etwas Bier einpinseln, damit die Haut knusprig wird. Herausnehmen und warm stellen.

5 3 EL Gänseschmalz erhitzen, die Kastanien hineinschütten, den Zucker darüberstreuen und unter Wenden braten, bis die Kastanien glasiert sind. Den Bratensaft entfetten, mit dem restlichen Kirschwasser und einer Tasse Gänsebrühe aufgießen, mit Majoran würzen und einkochen lassen.
Die Füllung aus der Gans holen und in Scheiben schneiden. Die tranchierte Gans auf einer großen Platte anrichten. Füllung, glasierte Kastanien und die Sauce getrennt reichen.

Für 8 Personen

Zubereitungszeit: 1/2 Stunde, Bratzeit: 3 Stunden

Pro Portion: 1150 kcal, 81 g Eiweiß, 76 g Fett, 30 g Kohlenhydrate

Gefüllter Gänsebraten pommersche Art

Füllung

125 g entkernte Backpflaumen, gewürfelt

4 EL Weißwein

500 g säuerliche Äpfel, in Scheiben geschnitten

100 g geriebenes **Schwarzbrot**

1 EL Zucker

1 Prise Zimt

50 g Rosinen

1 junge Hafermastgans (ca. 3 1/2 kg)

Salz

Majoran

1/4 l (250 ml) Weißwein

1 Für die Füllung die Backpflaumen in kleine Stücke schneiden und in 4 EL Weißwein einweichen. Die Äpfel waschen, schälen, vierteln, das Kerngehäuse entfernen, in Scheibchen schneiden. Das geriebene Schwarzbrot mit Zucker und Zimt vermischen. Die Apfelscheiben, die eingeweichten, abgetropften Backpflaumen sowie die Rosinen hinzufügen. Alle Zutaten miteinander vermischen.

2 Die Gans von innen mit Salz und Majoran einreiben, von außen nur mit Salz. Die Füllung in die Gans geben und die Öffnung mit einem Baumwollfaden zunähen.

3 Die Gans mit der Brustseite nach unten auf den Grillrost einer Bratenpfanne legen. Eine Tasse kochendes Wasser hinzugießen, bevor die Gans in den vorgeheizten Backofen (190 °C, Umluft 160 °C, Gas Stufe 2) geschoben wird. Nach 1 guten Stunde wenden. Die Keulen am unteren Ende mit einer Gabel einstechen, damit das Fett ausbraten kann. Das bisher ausgetretene Fett abschöpfen. Die Gans hin und wieder mit dem Bratensaft begießen. Nach einer weiteren Bratzeit von etwa 2 Stunden die Gans herausnehmen und warm stellen.

4 Die Füllung mit zwei Löffeln aus der Gans holen, in eine Schüssel geben und ebenfalls warm stellen. 2 EL der Füllung in den Bratenfond geben, mit dem Weißwein aufgießen und gut durchkochen lassen. Die Sauce durch ein Sieb streichen und getrennt zu der Gans reichen.

Beilage: Kartoffelklöße aus gekochten Kartoffeln, Rotkohl

Für 4–6 Personen

Zubereitungszeit: 1 Stunde

Pro Portion bei 4 Personen: 3138 kcal, 153 g Eiweiß, 150 g Fett, 85 g Kohlenhydrate

Gänsebraten mit grünen Bohnen

Gänsebraten

1 Gans (3–5 kg)

5 große Äpfel, gewürfelt

150 g Rosinen

4 EL Zucker

3 EL Paniermehl

Salz

1 Zweig Thymian

6 Zahnstocher

Küchengarn

40 g Mehl

Pfeffer aus der Mühle

Grüne Bohnen

750 g Bohnen

Salz

10 g Mehl

40 g Butter

2 EL gehackte **Petersilie**

1 Die Gans gut mit kaltem Wasser ausspülen, trocken tupfen und am Ende des Rückgrats die Fettdrüse entfernen. Die geschälten Äpfel in Würfel schneiden. Rosinen, 3 EL Zucker und Paniermehl unter die Äpfel mischen.

2 Die Gans von innen salzen. Den Thymianzweig in die Gans legen. Die Apfel-Rosinen-Füllung fest in die Gans füllen. Bauch- und Halsöffnung mit Zahnstocher und/oder Küchengarn gut verschließen, damit die Füllung nicht austreten kann. Die Gans von außen mit Salz bestreuen.

3 Den Backofen auf 200 °C (Umluft 170 °C, Gas Stufe 3) vorheizen. 1 Tasse Wasser in einen Bräter füllen und die Gans auf dem Rücken hineinlegen. Die Haut an beiden Seiten der Brust 3- bis 4-mal einstechen. Während des Bratens die Gans wiederholt mit Sud und Wasser übergießen und das Fett abschöpfen. Sobald die Gans kräftig braun wird, Wasser zum Sud geben, den Bräter verschließen und die Gans schmoren lassen. Die Bratzeit beträgt ungefähr 3 Stunden.

4 Die Bohnen waschen, abziehen und in Stücke von 3 cm Länge schneiden. Das Gemüse mit 3/8 l Wasser und etwas Salz aufkochen; bei geringer Hitze 1/4 Stunde leicht kochen.

5 10 Minuten vor Ende der Bratzeit den Deckel vom Bräter abnehmen, die Gans mit Sud übergießen und mit 1 EL Zucker überstreuen. Die Gans aus dem Bräter nehmen und im Ofen bei leicht geöffneter Tür warm stellen. Den Sud in einen Topf füllen und mit Wasser auf 3/4 l Flüssigkeit auffüllen. Das Mehl mit kaltem Wasser glatt rühren. Das Fett vom Sud abschöpfen, die Sauce mit Salz und Pfeffer abschmecken, aufkochen, mit dem Mehl andicken und warm stellen.

6 Die Bohnen abgießen, das Mehl darüber stäuben und die Bohnen in der Butter schwenken, bis sich alles vermischt hat. Vor dem Servieren die Petersilie dazugeben. Die Gans aus dem Backofen nehmen, die Füllung in eine Schüssel geben und warm stellen. Die Gans tranchieren und anrichten. Falls noch vorhanden, Fett abschöpfen und die Sauce durch ein feines Sieb in eine Sauciere streichen.

Für 4 Personen

Zubereitungszeit: 1 Stunde 30 Minuten

Pro Portion: 770 kcal, 38 g Eiweiß, 56 g Fett, 20 g Kohlenhydrate

Wildente à l'orange

1 küchenfertige Wildente (ca. 500 g)

Salz

schwarzer Pfeffer aus der Mühle

1 unbehandelte Orange, in Scheiben geschnitten

1 Zweig Thymian

3 frische Salbeiblätter

50 g Butter

1 EL Zucker

0,2 l (200 ml) Orangensaft, frisch gepresst

Die Orangenscheiben mit den Kräutern in die Ente füllen.

Die Wildente mit Orangensaft aufgießen.

1 Die Wildente waschen, trocken tupfen und innen und außen mit Salz und Pfeffer einreiben. Die Orange in Scheiben schneiden und mit den Kräutern in die Ente füllen. Die Öffnung mit einem Holzspießchen zustecken.

2 Den Backofen auf 220 °C (Umluft 190 °C, Gas Stufe 4) vorheizen. Einen Bräter mit 20 g Butter ausstreichen und mit Zucker bestreuen. Den Zucker 3 – 4 Minuten karamellisieren lassen.

3 Die Wildente mit der Brust nach unten auf der unteren Schiene in den Backofen geben. In insgesamt 60 Minuten garen. Zunächst zugedeckt 10 Minuten braten. Dann wenden, mit Orangensaft aufgießen und offen fertig braten, dabei gelegentlich mit Bratensaft begießen.

4 Die Wildente herausnehmen, mit Alufolie abdecken und warm stellen. Die Sauce sirupartig einkochen lassen. Anschließend die restliche kalte Butter in kleinen Flöckchen unter kräftigem Rühren dazugeben. Die Sauce mit Pfeffer würzig abschmecken. Die Wildente portionieren und mit der Sauce zusammen reichen.

Beilage: Kroketten oder Bandnudeln, Orangenscheiben und Feldsalat mit Roten Beten

Getränkeempfehlung: französischer Rotwein

Für 4 Personen

Zubereitungszeit: 1 Stunde 15 Minuten

Pro Portion: 945 kcal, 46 g Eiweiß, 54 g Fett, 2 g Kohlenhydrate

Fasan umbrische Art

1 Fasan mit Leber

Salz

2 schwarze Trüffeln (frisch oder aus der Dose)

100 g durchwachsener geräucherter Speck

100 g fetter frischer Speck in Scheiben

3 EL Olivenöl

1 Zweig Rosmarin

einige Salbeiblätter

1 Knoblauchzehe, geschält

4 cl (40 ml) Cognac

1/8 l (125 ml) Weißwein (Orvieto Classico)

125 g Sahne

Den gefüllten Fasan vor dem Braten ganz mit Speckscheiben umhüllen.

1 Den Fasan sorgfältig waschen, trocken tupfen und innen mit Salz einreiben.

2 1 Trüffel putzen und zusammen mit dem geräucherten Speck durch den Fleischwolf drehen, die Masse in das Innere des Fasans füllen. Den Fasan mit den Speckscheiben umhüllen und mit einem Baumwollfaden umwickeln.

3 Den Backofen auf 200 °C (Umluft 170 °C, Gas Stufe 3) vorheizen. Das Olivenöl in einem Schmortopf auf dem Herd erhitzen. Rosmarin, Salbei und die geschälte Knoblauchzehe hinzufügen. Nach kurzer Zeit den Fasan in den Topf geben und von allen Seiten anbraten. Mit Cognac übergießen. Wenn dieser verdampft ist, die Hälfte des Weißweins hinzufügen.

4 Den Topf mit einem Deckel verschließen und auf die untere Schiene in den Backofen stellen. Den Fasan etwa 1 Stunde braten. Hin und wieder mit dem Bratenfett begießen. Den Fasan aus dem Topf nehmen, die Speckscheiben entfernen und den Fasan warm stellen.

5 Die Fasanleber fein hacken. Rosmarin, Salbeiblätter und Knoblauchzehe aus dem Bratfett nehmen und die Leber darin anbraten.

6 Die zweite Trüffel in hauchdünne Scheiben schneiden und mit der Sahne und dem restlichen Wein zu der Fasanenleber geben. Etwas einkochen lassen.

7 Den Fasan tranchieren und auf einer vorgewärmten Platte anrichten. Mit etwas Sahne beträufeln und mit den Trüffelscheibchen garnieren. Die restliche Sauce separat dazu reichen.

Beilage: Kartoffelpüree und ein junges Wirsinggemüse

Getränkeempfehlung: Orvieto Classico, mit dem auch der Fasan zubereitet wird

Für 4 Personen

Zubereitungszeit: 1 Stunde

Pro Portion: 1028 kcal, 44 g Eiweiß, 79 g Fett, 11 g Kohlenhydrate

Fasan Winzer Art

2 junge Fasane mit Flügeln, Mägen und Herzen

16 Wacholderbeeren

1 Stück unbehandelte Zitronenschale

Salz

1/8 l (125 ml) Pfälzer Weißwein

schwarzer Pfeffer aus der Mühle

2 breite Scheiben fetter geräucherter Speck

80 g Butter

250 g Sahne

einige Walnusskerne, gehackt

1 Die Flügel, Mägen und Herzen der Fasane gründlich waschen. In einen Topf geben und 6 zerdrückte Wacholderbeeren, die Zitronenschale, Salz, Wein und 1/8 l Wasser hinzufügen.

2 Zugedeckt bei leichter Hitze 45 Minuten kochen. Die Brühe durch ein Sieb wieder in den Topf gießen und bis auf ein paar Esslöffel Flüssigkeit einkochen lassen.

3 Den Backofen auf 220°C (Umluft 190°C, Gas Stufe 4) vorheizen. Die Fasane waschen und trocken tupfen. Mit Salz und Pfeffer einreiben. Jeden Fasan mit einer Speckscheibe umwickeln und diese mit einem Baumwollfaden befestigen.

4 Die Butter in einer Kasserolle auf dem Herd erhitzen und das Geflügel darin von allen Seiten anbraten. Den Topf mit einem Deckel verschließen und auf die untere Schiene in den Backofen stellen. Die Fasane in 40 Minuten goldbraun braten, dabei regelmäßig mit dem Bratfett begießen.

5 Den Speck ablösen und die Fasane im offenen Topf noch 10 Minuten bräunen lassen. Aus dem Topf nehmen und in Alufolie gewickelt warm halten.

6 Den Bratenfond entfetten. Die restlichen 10 Wacholderbeeren in einem Mörser zerstoßen und an den Fond geben. Mit der Fasanenbrühe und der Sahne aufgießen und einkochen lassen, bis die Sauce cremig ist. Die gehackten Walnüsse an die Sauce geben.

7 Die Fasane auf einer vorgewärmten Platte anrichten. Die Sauce getrennt reichen.

Beilage: Weinsauerkraut mit Trauben und Kartoffelpüree

Getränkeempfehlung: der gleiche Pfälzer Weißwein, der für die Zubereitung der Fasane verwendet wurde

Für 2 – 3 Personen

Zubereitungszeit: 40 Minuten

Pro Portion bei 2 Personen: 555 kcal, 46 g Eiweiß, 27 g Fett, 20 g Kohlenhydrate

Hasenrücken im Bratschlauch

1 Hasenrücken (ca. 500 g)

Salz

schwarzer Pfeffer aus der Mühle

4 zerdrückte **Wacholderbeeren**

1 Bund Suppengrün, gewürfelt

30 g dünn geschnittener, magerer roher Schinken

4 EL trockener Rotwein

2 EL Preiselbeerkompott

20 g eiskalte Butter

Im Folienschlauch liegt der Hasenrücken vom Suppengrün umgeben.

Den Bratensaft mit dem Gemüse durch ein Sieb gießen.

1. Den Hasenrücken vorsichtig häuten und mit Salz, Pfeffer und den zerdrückten Wacholderbeeren einreiben. Das Suppengrün waschen und in kleine Stücke schneiden.

2. Den Backofen auf 220 °C (Umluft 190 °C, Gas Stufe 4) vorheizen. Den Hasenrücken mit den Schinkenscheiben belegen und in ein ausreichend großes Stück Bratfolie geben. Das Suppengrün dazugeben und die Folie an beiden Enden gut verschließen. Mit einer Gabel einige Löcher oben in die Folie stechen, damit der Dampf entweichen kann.

3. Im Backofen auf der untere Schiene in 20 Minuten durchbraten. Den Bratbeutel aufschneiden, den Rücken herausnehmen und mit Alufolie umhüllt warm stellen, dabei vorher die Schinkenscheiben abnehmen und in kleine Streifen schneiden.

4. Den Bratensaft mit dem Gemüse durch ein Sieb streichen und mit dem Rotwein und den Preiselbeeren in eine Sauteuse oder einen hochwandigen Topf geben. Auf der Kochplatte bei starker Hitze etwas einkochen lassen. Zum Schluss die kalte Butter in kleinen Flöckchen mit einem Schneebesen unter die Sauce schlagen.

5. Die Filets mit einem scharfen Messer vorsichtig vom Knochengerüst lösen, dabei die kleinen Filets an der Unterseite nicht vergessen. Das Fleisch in schräge, 1 1/2 cm breite Scheiben schneiden und auf einer vorgewärmten Platte anrichten. Mit Sauce begießen und mit dem Schinken bestreuen.

Beilage: leicht gedünstete Apfelscheiben, Preiselbeerkompott und Kartoffelplätzchen

Für 4 Personen

Zubereitungszeit: 1 Stunde

Pro Portion: 945 kcal, 47 g Eiweiß, 70 g Fett, 6 g Kohlenhydrate

Hasenrücken mit Walnusskruste

2 Hasenrücken (je 500 g)

1 Möhre, fein gewürfelt

100 g Knollensellerie, fein gewürfelt

1 kleine Stange Porree, fein gewürfelt

5 EL Öl

2 EL Tomatenmark

1/4 l (250 ml) kräftiger Rotwein

1/2 l (500 ml) Wasser

10 Wacholderbeeren

2 Lorbeerblätter

Salz

6 schwarze Pfefferkörner

Kruste

150 g Butter

150 g Walnüsse

2 Wacholderbeeren

1 Gewürznelke

Semmelbrösel

Salz

schwarzer Pfeffer **aus der Mühle**

außerdem

2 cl (20 ml) Gin

2 cl (20 ml) roter Portwein

2 EL Meerrettich (aus dem Glas)

2 EL frische Preiselbeeren (ersatzweise tiefgekühlte)

50 g gut gekühlte **Butter**

1 Die Hasenrücken häuten und die Filets vom Knochen lösen, dabei die kleinen Filets auf der Unterseite nicht vergessen. Die Knochengerüste mit einem Küchenbeil in kleine Stücke hacken oder gleich alles beim Händler vorbereiten lassen.

2 Die Gemüse waschen, putzen und in kleine Würfel schneiden. 3 EL Öl in einem halbhohen Schmortopf erhitzen und die Knochenstücke sowie die Parüren (Haut- und Sehnenteile) darin scharf anbraten. Gemüse hinzufügen und mit anrösten. Das Tomatenmark unterrühren, mit Rotwein und Wasser aufgießen und die Gewürze dazugeben. Alles einmal aufkochen lassen, dann bei mittlerer Hitze offen auf etwa 1/4 l Flüssigkeit einkochen lassen.

3 Für die Kruste die Butter in einem hochwandigen Topf zerlaufen lassen. Die Walnüsse sowie die Gewürze in der Küchenmaschine fein mahlen und in die Butter geben. So viel Semmelbrösel dazugeben, bis alles Fett aufgesogen ist, die Masse aber dennoch eine streichbare Konsistenz hat. Mit Salz und Pfeffer würzen.

4 Den Wildfond durch ein feines Sieb in einen hochwandigen Topf gießen. Gin, Portwein, Meerrettich sowie die Preiselbeeren dazugeben und bei starker Hitze erneut ein wenig einkochen lassen. Die Sauce vom Herd nehmen.

5 Unterdessen den Grill vorheizen. Die Hasenfilets mit Salz und Pfeffer würzen. Das restliche Öl in einer Pfanne erhitzen und die Filets von allen Seiten bei starker Hitze scharf anbraten.

6 Die Filets auf eine feuerfeste Platte legen, mit der Nusspaste bestreichen und unter dem Grill in wenigen Minuten gratinieren, bis die Kruste gebräunt ist. Zugedeckt noch 5 Minuten ruhen lassen.

7 Die kalte Butter in kleinen Flöckchen mit dem Schneebesen unter die heiße Sauce schlagen. Die Hasenfilets in Scheiben schneiden und auf der Sauce anrichten.

Für 4 Personen

Zubereitungszeit: 1 Stunde, Marinierzeit: 2 Stunden

Pro Portion: 704 kcal, 49 g Eiweiß, 42 g Fett, 12 g Kohlenhydrate

Hasenrücken mit Pfeffersauce

2 Hasenrücken

½ l (500 ml) Rotwein

1 Möhre, in Streifen geschnitten

1 mittelgroße Zwiebel, in Streifen geschnitten

1 Bouquet garni (½ Lorbeerblatt, 2 Zweige Thymian, 1 Stängel Petersilie)

einige zerstoßene **Pfefferkörner und Wacholderbeeren**

1 kleine Hasenkeule oder **Knochenabfälle von einem Hasen**

2 EL Butter

Salz

schwarzer Pfeffer aus der Mühle

1 EL Öl

2 cl (20 ml) Gin

200 g Crème fraîche

20 g grüne Pfefferkörner mit der Pfefferbrühe (aus dem Glas)

Den ausgelösten Hasenrücken und die Filets der Breite nach in längliche Scheiben schneiden.

1 Die Hasenrücken von allen anhaftenden Häutchen und Sehnen befreien und in eine Schüssel geben. Den Rotwein mit Möhren- und Zwiebelstreifen sowie den Gewürzen vermischen und über die Hasenrücken gießen. 2 Stunden marinieren lassen.

2 Die Hasenkeule vom Fleisch befreien. Die Knochen klein hacken, das Fleisch klein schneiden. Kurz in 1 EL Butter andünsten und mit ½ Glas Wasser aufgießen. Salzen und 30 Minuten einkochen lassen.

3 Die Hasenrücken aus der Marinade nehmen, gut abtropfen lassen und trocken tupfen. Die Marinade zu den Knochen geben und die Flüssigkeit im offenen Topf auf die Hälfte einkochen.

4 Den Backofen auf 250 °C (Umluft 220 °C, Gas Stufe 5) vorheizen. Die Hasenrücken mit Salz und Pfeffer einreiben. Das Öl und die restliche Butter in einem flachen Schmortopf auf dem Herd erhitzen und die Hasenrücken darin von allen Seiten anbräunen. Auf die mittlere Schiene in den Backofen stellen und in 10–15 Minuten unter Begießen mit dem Bratensaft gar braten, das Innere der Hasenrücken muss rosa bleiben, das Bratenfett darf nicht zu dunkel werden. Die Hasenrücken aus dem Ofen nehmen und in Alufolie warm stellen.

5 Den Bratensatz mit Gin ablöschen. Mit der durch ein Sieb gestrichenen Wildbrühe aufgießen und stark einkochen lassen. Die Crème fraîche und 1 TL der Pfefferbrühe an die Sauce geben und erneut einkochen lassen, bis die Sauce dicklich ist. Die Pfefferkörner an die Sauce geben und noch einmal abschmecken.

6 Das Fleisch vom Knochen lösen und der Breite nach in längliche Scheiben schneiden und auf eine heiße Platte geben. Die Sauce getrennt reichen.

Für 4 Personen

Zubereitungszeit: 30 Minuten

Pro Portion: 545 kcal, 45 g Eiweiß, 36 g Fett, 2 g Kohlenhydrate

Hasenrückenfilets in Preiselbeersauce

800 g Hasenrückenfilets

3 EL Butterschmalz

Salz

schwarzer Pfeffer aus der Mühle

1 Schalotte, gehackt

4 cl (40 ml) trockener Sherry (Fino)

3/8 l (375 ml) Wildfond
(aus dem Glas)

4 EL Preiselbeeren (aus dem Glas)

50 g eiskalte **Butter**

1 Msp. gemahlener **Koriander**

1 EL geschlagene **Sahne**

1 Die Hasenrückenfilets sorgfältig von Häutchen befreien. Butterschmalz in einer breiten Pfanne mit hohem Rand erhitzen und die Filets bei starker Hitze rundum kräftig anbraten. Salzen, pfeffern, herausnehmen und mit Alufolie umhüllt warm halten.

2 Das Bratfett wegkippen, in dem verbliebenen Bratensatz die Schalotte mit dem Sherry und dem Wildfond auf zwei Drittel reduzieren. Die Preiselbeeren zufügen und aufkochen. Die Butter in kleinen Stücken mit dem Schneebesen unterschlagen. Mit Salz, Pfeffer und Koriander abschmecken.

3 Die Hasenrückenfilets in der Sauce zugedeckt 7–8 Minuten bei sehr geringer Hitze ziehen lassen.

4 Die Filets herausnehmen, in ca. 1 cm dicke Scheiben schneiden und fächerartig auf den Tellern verteilen. Die geschlagene Sahne unter die Sauce heben und über das Fleisch gießen.

Beilage: Knödel oder Fingernudeln

Getränkeempfehlung: trockener Rotwein, z. B. Beaujolais Fleurie

Für 2 Personen

Zubereitungszeit: 2 Stunden

Pro Portion: 630 kcal, 52 g Eiweiß, 42 g Fett, 2 g Kohlenhydrate

Kaninchenkeulen in Estragonsauce

2 hintere Kaninchenkeulen (je ca. 300 g)

Salz

schwarzer Pfeffer aus der Mühle

20 g Butter

2 Schalotten, gehackt

4–6 frische Estragonblätter

1 kleine rote Pfefferschote, in feine Ringe geschnitten

1 TL Estragonessig

0,1 l (100 ml) Hühnerbrühe (aus Extrakt)

100 g Crème fraîche

1 TL Estragonsenf

1. Die Kaninchenkeulen waschen, trocken tupfen und mit Salz und Pfeffer einreiben.
2. Die Schalotten mit der Butter in einem Schmortopf glasig braten.
3. Die Keulen und die gehackten Estragonblätter sowie die Pfefferschotenringe dazugeben und mit Essig und Brühe begießen. Zugedeckt 30 Minuten bei mittlerer Hitze garen. Dann die Crème fraîche einrühren. Den Topf erneut zudecken und in 1 Stunde fertig garen, dabei die Keulen mehrmals wenden.
4. Die Keulen herausnehmen und mit Alufolie umhüllt warm stellen. Die Sauce cremig einkochen lassen, dabei den Senf unterrühren.

Beilage: Bandnudeln und Zuckerschoten

Getränkeempfehlung: leichter französischer Rosé, z. B. Rosé d'Anjou

Für 4 Personen

Zubereitungszeit: 40 Minuten

Pro Portion: 680 kcal, 69 g Eiweiß, 36 g Fett, 6 g Kohlenhydrate

Kaninchen in Safransauce

1 Kaninchen (ca. 1500 g), vom Händler in Portionsstücke teilen lassen

Salz

weißer Pfeffer aus der Mühle

3 EL Öl

1 EL Butter

250 g Schalotten, geviertelt

2 Fleischtomaten (ca. 250 g)

1 Döschen Safran, gemahlen

1/8 l (125 ml) trockener Weißwein (z. B. Orvieto)

1/4 l (250 ml) Fleischbrühe (aus Extrakt)

200 g Sahne

1 Msp. Cayennepfeffer

3 EL Pinienkerne

1 Bund glatte Petersilie, fein gehackt

1 Kaninchenteile rundum mit Salz und Pfeffer einreiben. In einem Bratentopf das Öl und die Butter erhitzen und die Kaninchenteile darin bei starker Hitze rundum kräftig anbraten. Die Schalotten zufügen und kurz mitbraten.

2 Die Fleischtomaten blanchieren, häuten, entkernen und zufügen. Salzen, pfeffern und mit Safran bestreuen.

3 Den Weißwein, die Fleischbrühe und die Sahne zugießen und aufkochen. Zugedeckt bei mittlerer Hitze in 25 Minuten fertig garen. Mit Salz, Pfeffer und Cayennepfeffer abschmecken.

4 Die Pinienkerne in einer trockenen Pfanne goldgelb rösten und mit der Petersilie über das Fleisch streuen.

Beilage: Semmelknödel oder Bandnudeln

Getränkeempfehlung: trockener Weißwein, z. B. Orvieto

tipp

Kaninchenfleisch ist sehr hell, fast weiß, zart und saftig. Es zeichnet sich durch seinen hohen Nährwert aus. Das Fleisch wilder Kaninchen schmeckt würziger, das Fleisch zahmer Tiere erinnert an Geflügelfleisch.

Für 4 Personen

Zubereitungszeit: 1 Stunde 30 Minuten

Pro Portion: 585 kcal, 35 g Eiweiß, 37 g Fett, 4 g Kohlenhydrate

Kaninchen mit Senfsauce

1 junges Kaninchen (1,2–1,5 kg)

Salz

weißer Pfeffer aus der Mühle

8 EL scharfer Senf

einige Estragonblätter

6 Scheiben durchwachsener geräucherter Speck

1 EL Butter

200 g Crème fraîche

1 Msp. Cayennepfeffer

4 EL Weißwein

1. Den Backofen auf 220 °C (Umluft 190 °C, Gas Stufe 4) vorheizen. Das gewaschene Kaninchen trocken tupfen und von innen mit Salz und Pfeffer einreiben. Außen dick mit 4 EL Senf bestreichen und einige Estragonblätter darüberstreuen. Das Kaninchen mit den Speckscheiben umhüllen und diese mit einem Baumwollfaden befestigen.
2. Das Kaninchen in einen mit Butter ausgestrichenen Schmortopf geben und zugedeckt auf die untere Schiene in den Backofen stellen. In 1 Stunde garen. Die letzten 5 Minuten die Speckscheiben entfernen und das Kaninchen im offenen Topf bräunen lassen. Aus dem Topf nehmen und warm stellen.
3. Die Crème fraîche mit dem restlichen Senf und dem Cayennepfeffer verrühren. Den Bratensatz mit dem Wein aufgießen und aufkochen lassen. Die gewürzte Crème fraîche unterrühren und köcheln lassen, bis die Sauce dickflüssig ist.
4. Vorderläufe und Keulen des Kaninchens auslösen und den Rücken tranchieren. Auf einer vorgewärmten Platte anrichten. Die Sauce getrennt reichen.

Beilage: frische grüne Bandnudeln und Rosenkohl

Getränkeempfehlung: junger Rotwein, vorzugsweise Chianti

tipp

Man kann das Kaninchen auch vor der Zubereitung in Rücken, Vorderläufe und Hinterläufe zerlegen, dann wird der Rücken erst nach der Hälfte der Garzeit hinzugefügt.

Für 4 Personen

Zubereitungszeit: 1 Stunde 30 Minuten, Marinierzeit: 3 Tage

Pro Portion: 654 kcal, 64 g Eiweiß, 41 g Fett, 6 g Kohlenhydrate

Kaninchenkeulen aus der Pfanne

- 1 kleine Zwiebel
- 1 l Weißwein
- 1/2 l (500 ml) Kräuteressig
- 1/2 Tüte Sauerbratengewürz
- 1 EL Zucker
- Salz
- 8 kleine oder 4 große Kaninchenkeulen
- 4 EL Öl
- 100 g Sahne
- 20–30 g Mehl
- 2 EL grüne Pfefferkörner
- 2 EL rote Pfefferkörner

1 Die Zwiebel abziehen und halbieren. Eine Beize aus Weißwein, Kräuteressig, Sauerbratengewürz, Zucker, Salz und Zwiebel in einem Topf ansetzen. Die Beize einmal aufkochen und abkühlen lassen. Die Kaninchenkeulen in ein Gefäß geben, die Beize darübergießen und die Keulen 3 Tage an einem kühlen, luftigen Ort ziehen lassen.

2 Die Keulen aus der Beize nehmen, trocken tupfen und sorgfältig häuten. Das Öl in einer Pfanne erhitzen und die Keulen darin von allen Seiten braun anbraten, mit etwa 1/2 l Wasser und der Sahne ablöschen und 1 Stunde in der geschlossenen Pfanne bei mittlerer Hitze schmoren lassen. Das Fleisch aus der Pfanne nehmen, in eine Schüssel geben und warm stellen, bis die Sauce fertig zubereitet ist.

3 Die Bratflüssigkeit in einen Topf füllen, mit Wasser auf 1/2 l auffüllen und nach Geschmack würzen. Das Mehl mit kaltem Wasser glatt rühren. Den Sud aufkochen, mit Mehl andicken, die Pfefferkörner unterrühren, abschmecken und die Sauce über die Keulen geben. Die Keulen sofort servieren.

Beilagen: Reis, Rotweinpflaumen, Feigen in Wodka, Salat, Pilze, grüne Bohnen

tipp

Kaninchen kann man wie Hasen auch in Buttermilch marinieren, trocken tupfen und in einem mit Speck ausgelegten Bräter braten. Besonders aromatisch wird das Fleisch, wenn man es mit Senf zubereitet. Die Keulen werden vor dem Braten mit Senf bestrichen. Außerdem gibt man in den Schmortopf klein geschnittenen Sellerie, Möhrenscheiben, Porree und einige Zweige Kräuter (Thymian, Salbei, Majoran). Nach dem Schmoren die Keulen aus dem Topf nehmen, die Sauce binden und mit Weißwein abschmecken.

Für 3 Personen

Zubereitungszeit: 40 Minuten

Pro Portion: 280 kcal, 30 g Eiweiß, 10 g Fett, 9 g Kohlenhydrate

Kaninchenrücken in Orangen-Sherry-Sauce

1 Kaninchenrücken (ca. 700 g)

Salz

weißer Pfeffer aus der Mühle

1 EL Öl, 10 g Butter

Saft und Schale 1 unbehandelten Orange

4 cl (40 ml) Sherry medium (Amontillado)

1/8 l (125 ml) Kalbsfond (aus dem Glas)

1 Zweig Thymian

1 Orange

Die Orange in Spalten schneiden, den Saft dabei auffangen.

Orangenfilets und Saft im Bratenfond aufkochen lassen.

1 Den Kaninchenrücken mit Salz und Pfeffer einreiben.

2 Den Backofen auf 200°C (Umluft 170°C, Gas Stufe 3) vorheizen. Öl und Butter in einem Schmortopf mit hitzebeständigen Griffen auf dem Herd erhitzen und den Rücken darin von beiden Seiten anbraten.

3 Orangensaft, -schale, Sherry, Kalbsfond sowie den Thymian dazugeben und den Topf auf die mittlere Schiene des Backofens stellen. Den Rücken in 15–20 Minuten gar braten, dabei gelegentlich mit dem Bratenfond begießen.

4 Die Orange so dick schälen, dass die weiße Haut völlig entfernt ist. Die Fruchtsegmente mit einem scharfen Messer herauslösen, den dabei entstehenden Saft auffangen.

5 Den Kaninchenrücken herausnehmen und mit Alufolie umhüllt warm stellen. Den Topf auf die Kochplatte stellen, den Thymian herausfischen und die Orangenfilets hineingeben. Bei starker Hitze kurz aufkochen lassen. Die Sauce soll sirupartig dick werden.

6 Die Filets vom Knochengerüst lösen, dabei die unteren kleinen Filets nicht vergessen. Das Fleisch in schräge Scheiben schneiden und mit der Fruchtsauce überziehen. Mit weißem Pfeffer bestreuen.

Beilage: grüne Bandnudeln und Salat

Für 4 Personen

Zubereitungszeit: 45 Minuten

Pro Portion: 580 kcal, 53 g Eiweiß, 36 g Fett, 1 g Kohlenhydrate

Kaninchenrücken in Kräutersahne

1 Kaninchenrücken mit 2 Hinterkeulen

Salz

schwarzer Pfeffer aus der Mühle

40 g Butter

1 Zweig Thymian

1 EL gehackte **Schalotten**

3 EL Weißwein

6 EL Sahne

1 Eigelb

2 TL streifig geschnittene **Basilikumblätter**

Garprobe: Mit einer Nadel in die Kaninchenkeule stechen; wenn klarer Saft austritt, ist das Fleisch gar und das Fleisch kann ausgelöst werden.

1. Das Fett vom Kaninchenrücken entfernen. Mit Salz und Pfeffer einreiben.
2. Einen länglichen Schmortopf mit der Butter ausfetten und den Kaninchenrücken mit den Keulen und dem Thymianzweig hineinlegen. Mit einem Deckel verschließen und bei leichter Hitze 20 Minuten schmoren lassen.
3. Wenn die Butter zu bräunen anfängt, 2 EL warmes Wasser hinzufügen und die Hitze etwas herunterschalten. Dann den Topf wieder zudecken. Wenn man mit einer Stricknadel in die Keule einsticht und der Saft klar herausläuft, ist das Kaninchen gar. In Alufolie wickeln und warm stellen.
4. Schalotten und Weißwein in einen Kochtopf geben und die Flüssigkeit einkochen lassen, bis auf einen Rest von 2–3 EL Flüssigkeit. Die Sahne nach und nach angießen und alles bei schwacher Hitze köcheln lassen. Dann durch ein feines Sieb in einen kleinen Topf passieren, nochmals erhitzen und vom Herd nehmen. Mit einem Schneebesen das Eigelb unterziehen und die Sauce damit legieren. Mit Salz und Pfeffer abschmecken.
5. Den Kaninchenrücken auslösen und in Scheiben oder große Würfel schneiden Das Fleisch und die Keulen in einer vorgewärmten Terrine anrichten. Unmittelbar vor dem Servieren die Basilikumstreifen unter die Sauce ziehen und über das Kaninchen geben.

Beilage: hausgemachte Nudeln, Salat

Getränkeempfehlung: voller, trockener Weißwein

Für 6 – 8 Personen

Zubereitungszeit: 2 Stunden

Pro Portion bei 6 Personen: 712 kcal, 40 g Eiweiß, 55 g Fett, 2 g Kohlenhydrate

Rehkeule

1 Rehkeule (1,8 – 2 kg)
1 EL Öl
Salz
schwarzer Pfeffer aus der Mühle
4 Wacholderbeeren
1 Msp. gemahlener Ingwer
einige zerdrückte **Korianderkörner**
6 Scheiben durchwachsener Speck
50 g Butter
1 mittelgroße Zwiebel, gewürfelt
1 Möhre, gewürfelt
1 Stückchen Sellerie, gewürfelt
1 Petersilienwurzel, gewürfelt
1 Zweig Thymian
1 Lorbeerblatt
¼ l (250 ml) Rotwein
200 g Crème fraîche

1 Von der Keule gleich beim Einkauf den unteren Knochen auslösen lassen und mitnehmen. Die Keule enthäuten, waschen und trocken tupfen.

2 Knochen und Häute in Öl anbraten und mit ¼ l Salzwasser bedeckt 30 Minuten kochen. Brühe durch ein Sieb gießen.

3 Salz, Pfeffer, zerdrückte Wacholderbeeren, Ingwer und Koriander vermengen und das Rehfleisch mit dieser Mischung einreiben. Mit den Speckscheiben umhüllen und mit einem Baumwollfaden umwickeln.

4 Den Backofen auf 220 °C (Umluft 190 °C, Gas Stufe 4) vorheizen. Die Butter in einem Schmortopf auf dem Herd erhitzen und die Rehkeule darin von allen Seiten anbraten. Die Gemüse in Würfel schneiden und mit den restlichen Gewürzen in den Schmortopf geben.

5 Den Topf auf die mittlere Schiene in den Backofen stellen und die Rehkeule in etwa 1 Stunde und 30 Minuten gar braten. Während des Bratens hin und wieder mit dem Bratfett, etwas Rotwein und der Wildbrühe begießen. Die Rehkeule aus dem Topf nehmen und in Alufolie gehüllt warm stellen.

6 Den Bratensatz entfetten und mit dem restlichen Wein aufgießen. Aufkochen lassen und den Fond durch ein Sieb in einen kleinen Topf streichen. Die Crème fraîche hinzufügen und die Sauce 10 Minuten einkochen lassen. Mit Salz und Pfeffer abschmecken.

7 Die Speckscheiben von der Rehkeule entfernen. Das Fleisch in Scheiben schneiden und auf einer vorgewärmten Platte anrichten. Die Sauce getrennt dazu reichen.

Die speckumhüllte Keule mit dem Gemüse in den Topf geben.

Beilage: Spätzle, Rosenkohl und Rotweinbirnen

Getränkeempfehlung: trockener, fruchtiger Rotwein aus Piemont, vorzugsweise Barolo Riserva

Für 6 Personen

Zubereitungszeit: 1 Stunde 30 Minuten

Pro Portion: 555 kcal, 32 g Eiweiß, 43 g Fett, 3 g Kohlenhydrate

Rehrücken Baden-Baden

1 Rehrücken mit Halsfleisch und Rippenknochen (ca. 2 kg)

2 EL Öl

1 kleine Zwiebel, fein gewürfelt

1 Möhre, fein gewürfelt

Schale von 1/2 unbehandelten Zitrone

8 Pfefferkörner

je 1 Zweig Thymian und Rosmarin

1/4 l (250 ml) Rotwein

Salz

schwarzer Pfeffer aus der Mühle

6 Wacholderbeeren

3 EL Olivenöl

1 EL Butter

200 g Crème fraîche

1 Msp. scharfer Senf

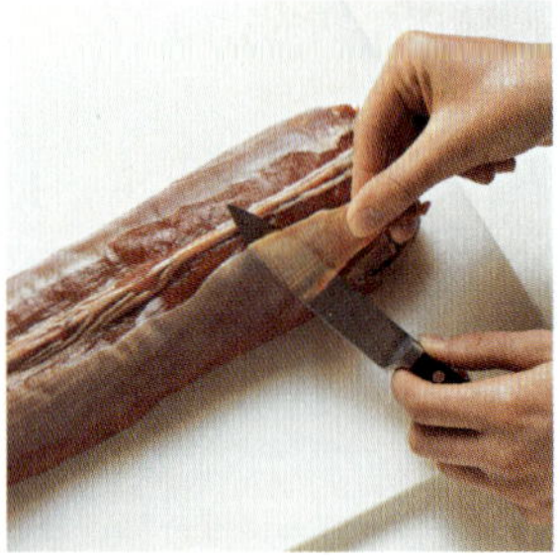

Den Rehrücken mit einem spitzen Messer vorsichtig enthäuten.

1. Den Rehrücken mit einem spitzen Messer enthäuten. Die Haut mit dem Halsfleisch und den klein gehackten Knochen in dem erhitzen Öl scharf anbraten.

2. Die geschälte Zwiebel und die geputzte Möhre in kleine Würfel schneiden und mit den Gewürzen und Kräutern zu dem Fleisch geben. Mit dem Rotwein aufgießen und auf die Hälfte einkochen lassen. Die Wildbrühe durch ein Sieb geben.

3. Den Backofen auf 200 °C (Umluft 170 °C, Gas Stufe 3) vorheizen. Den Rehrücken mit Salz, Pfeffer und den zerdrückten Wacholderbeeren einreiben. Olivenöl und Butter in einer Kasserolle auf dem Herd erhitzen und den Rehrücken darin mit der Fleischseite nach unten anbraten.

4. Den Topf fest mit einem Deckel verschließen und auf die mittlere Schiene in den Backofen stellen. Das Fleisch in 40 Minuten gar braten. Bereits nach 5 Minuten wenden. Häufig mit dem Bratfett begießen. Den Rehrücken in eine Alufolie wickeln und im geöffneten Backofen warm halten.

5. Den Bratensatz entfetten und mit der Wildbrühe aufgießen. Etwas einkochen lassen. Die Crème fraîche an die Sauce geben und nochmals einkochen lassen. Mit Senf, Salz und Pfeffer abschmecken.

6. Das Rehfleisch vorsichtig vom Knochen lösen und in dicke, schräge Scheiben schneiden. Zum Servieren das Fleisch wieder auf dem Knochengerüst anrichten. Die Sauce getrennt reichen.

Beilage: Halbe Kompottbirnen mit Preiselbeeren gefüllt und Kartoffelkroketten

Getränkeempfehlung: badischer Rotwein

Für 4 Personen

Zubereitungszeit: 50 Minuten

Pro Portion: 500 kcal, 41 g Eiweiß, 24 g Fett, 20 g Kohlenhydrate

Rehrücken mit Beerensauce

1 kg Rehrücken mit Knochen

2 EL Butterschmalz

Salz

schwarzer Pfeffer aus der Mühle

1 TL Paprikapulver, edelsüß

Wildsauce

0,1 l (100 ml) Wildfond (aus dem Glas oder selbst gemacht)

4 EL Rotwein

60 g Butter

Salz

schwarzer Pfeffer aus der Mühle

Beerensauce

100 g Preiselbeeren

100 g Himbeeren

100 g Johannisbeeren

100 g Brombeeren

3 EL Zucker

3 EL Rotwein

2 TL Stärkemehl

Salz

1 Prise Zimt

weißer Pfeffer aus der Mühle

1 Prise Cayennepfeffer

1 Den Backofen auf 250 °C (Umluft 220 °C, Gas Stufe 5) vorheizen. Die Rehfilets auf der Unterseite des Rückens vorsichtig auslösen. Das Butterschmalz in einer Kasserolle erhitzen. Das Fleisch mit Salz, Pfeffer und Paprika würzen. Den Rehrücken mit dem Knochen nach unten in die Bratkasserolle legen. Mit dem heißen Butterschmalz begießen. 12–15 Minuten auf der mittleren Schiene des Backofen braten. Ab und zu mit dem Bratensaft begießen. Die Rehfilets 7 Minuten später in die Kasserolle geben. Nach der angegebenen Bratzeit ist das Fleisch noch rosa. Wer es durchgebraten wünscht, muss es etwa 3–4 Minuten länger im Ofen lassen.

2 Für die Wildsauce den Wildfond mit dem Rotwein einkochen, bis die Sauce leicht sämig wird.

3 Für die Beerensauce die verschiedenen Beeren mit dem Zucker und dem Rotwein rasch aufkochen. Die Beeren auf ein Sieb gießen und den aufgefangenen Saft wieder in den Topf geben. Die Speisestärke mit 2 EL Wasser gut verrühren. Zum Saft geben und unter Rühren einkochen, bis er sirupartig eingedickt ist. Mit den Beeren mischen und mit Salz, Zimt, Pfeffer und Cayennepfeffer pikant abschmecken. Zum Abkühlen in eine Schüssel gießen.

4 Den Rehrücken, wenn er fertig gebraten ist, noch 5–7 Minuten im abgestellten Ofen bei halb geöffneter Tür stehen lassen.

5 Die Butter in kleine Würfel schneiden und unter die Wildsauce arbeiten, bis man keine weißen Spuren mehr sieht. Die Sauce kann dabei schwach kochen. Mit Salz und Pfeffer abschmecken.

6 Den Rehrücken am Tisch zerlegen. Leicht schräg in 1 cm dicke Scheiben schneiden. Die Rehfilets schräg in Stücke schneiden und die beiden Saucen separat servieren.

Für 4 Personen

Zubereitungszeit: 1 Stunde 20 Minuten

Pro Portion: 300 kcal, 22 g Eiweiß, 11 g Fett, 20 g Kohlenhydrate

Rehrücken mit Schmoräpfeln im Römertopf

500 g Rehrücken

Salz

schwarzer Pfeffer aus der Mühle

1/2 TL gemahlener **Ingwer**

4 zerdrückte **Wacholderbeeren**

4 dünne Scheiben Lachsschinken (40 g)

4 mittelgroße Äpfel

4 cl (40 ml) Calvados

20 g Butter

4 TL Preiselbeerkompott

1 Den Römertopf 10 Minuten in Wasser stellen.

2 Den Rehrücken vorsichtig enthäuten und mit Salz, Pfeffer, Ingwer und Wacholderbeeren einreiben. In den gewässerten Römertopf legen und mit den Schinkenscheiben belegen. Den Topf verschließen und auf mittlerer Schiene in den kalten Backofen stellen. Bei 220°C (Umluft 190°C, Gas Stufe 4) etwa 45 Minuten garen lassen.

3 Inzwischen die Äpfel waschen, mit einem Apfelausstecher die Kerngehäuse entfernen.

4 Den Römertopf öffnen und die Äpfel ganz oder in dicke Scheiben geschnitten um den Rehrücken anordnen. Mit Calvados begießen und mit der Butter in kleinen Flöckchen belegen. Zugedeckt weitere 15 Minuten schmoren lassen.

5 Den Rehrücken herausnehmen und mit Alufolie umhüllt 5 Minuten ruhen lassen. Die Äpfel auf eine vorgewärmte Platte geben und mit den Preiselbeeren füllen oder Apfelscheiben mit Preiselbeeren anrichten. Das Fleisch vom Knochengerüst lösen und in schräge Scheiben schneiden. Auf der Platte mit den Äpfeln anrichten und mit dem entstandenen Bratensaft begießen.

Beilage: Spätzle

Für 4 Personen

Zubereitungszeit: 2 Stunden

Pro Portion: 515 kcal, 43 g Eiweiß, 25 g Fett, 15 g Kohlenhydrate

Hirschkeule mit Hagebuttensauce

800 g Hirschkeule (ohne Knochen)

Salz

schwarzer Pfeffer aus der Mühle

etwas abgeriebene unbehandelte Orangenschale

4 Wacholderbeeren, zerdrückt

1 Msp. Piment

½ TL gemahlener Ingwer

3 EL Hagebuttenmark (Reformhaus)

50 g durchwachsener geräucherter Speck, in dünnen Scheiben

1 Bund Suppengrün, klein geschnitten

0,2 l (200 ml) Weißwein (Gewürztraminer)

40 g eiskalte **Butter**

1 Die Hirschkeule vorsichtig häuten, waschen, trocken tupfen und mit einer Mischung aus den Gewürzen einreiben. Mit 1 EL Hagebuttenmark bestreichen und mit den Speckscheiben bedecken. In eine ausreichend große feuerfeste Form legen und mit dem Suppengrün umlegen.

2 Die Form mit der Keule auf die mittlere Schiene des Backofens stellen und 1½ Stunden bei 200 °C (Umluft 170 °C, Gas Stufe 3) braten. Nach etwa 15 Minuten die Keule mit dem Weißwein begießen und das restliche Hagebuttenmark in den Bratenfond rühren.

3 10 Minuten vor Ende der Garzeit die Speckscheiben abnehmen und das Fleisch zugedeckt fertig garen. Die Speckscheiben in Würfel schneiden.

4 Die Keule herausnehmen und mit Alufolie umhüllt noch einige Minuten ruhen lassen. Den Bratensatz mit einem Pinsel ablösen und den Fond durch ein Sieb streichen. Die kalte Butter in kleinen Flöckchen nach und nach mit einem Schneebesen unter die Sauce schlagen.

5 Die Hirschkeule in Scheiben schneiden, mit den Speckwürfeln bestreuen und mit der Sauce begießen.

Beilage: Schupfnudeln und Rosenkohl

Getränkeempfehlung: trockener Weißwein, z. B. Gewürztraminer oder ein kräftiger Rotwein

Die gehäutete Hirschkeule wird mit einer Kräutermischung eingerieben, darauf wird Hagebuttenmark verteilt. Abschließend wird alles mit dem Speck abgedeckt.

Für 4 – 6 Personen

Zubereitungszeit: 2 Stunden 45 Minuten, Marinierzeit: 3 Tage

Pro Portion: 1529 kcal, 76 g Eiweiß, 117 g Fett, 29 g Kohlenhydrate

Wildschweinbraten mit knuspriger Kruste

$2^1/_2$ kg Wildschweinkeule
1 Zwiebel, geschält
$1^1/_2$ l Kräuteressig
3 Wacholderbeeren
3 Zweige Thymian
3 Zweige Majoran
3 Zweige Estragon
1 Bund Suppengrün, geputzt
Salz
Wildgewürz
$^1/_2$ l (500 ml) Obstwein
$^1/_2$ l (500 ml) Brühe (aus Extrakt)
1 Nelke
$^1/_3$ Zimtstange
300 g Schwarzbrot
150 g Butter
30 g Zucker
Sojasauce
40 g Mehl
2 EL Johannisbeergelee

1 Die Wildschweinkeule waschen (alle Wildhaare entfernen), trocken tupfen, falls erforderlich, die Haut abziehen und die Sehnen entfernen. In die fette Oberfläche Karrees einkerben. Die Keule in ein Gefäß legen. Das Gefäß sollte nicht zu groß sein, aber die Keule sollte flach liegen. Den Kräuteressig über das Fleisch gießen. Die Wacholderbeeren andrücken und zusammen mit der Zwiebel und den Kräutern dazugeben. Die Keule 3 Tage an einem kühlen, luftigen Ort ziehen lassen und täglich wenden.

2 Das Suppengrün putzen und bündeln. Den Braten aus der Marinade nehmen, trocken tupfen, mit Salz und Wildgewürz einreiben und mit der eingeritzten Fettseite nach oben in einen Bräter legen.

3 Den Backofen auf 190°C (Umluft 160°C, Gas Stufe 2) vorheizen. Inzwischen die Gewürze aus der Beize nehmen und zusammen mit dem Suppengrün, etwas Wein und Brühe zum Fleisch geben. Das Fleisch $1^1/_2$ Stunden im Backofen schmoren. Während des Schmorens abwechselnd mit Sud, Brühe und Obstwein übergießen. Das Übergießen muss häufig geschehen, damit das Fleisch nicht trocken wird.

4 Die Nelke und die Zimtstange in einem Mörser zerstoßen. Das Schwarzbrot klein reiben. Die Butter in einem Topf schmelzen. Die geschmolzene Butter mit dem Schwarzbrot, der gestoßenen Nelke, dem Zimt sowie dem Zucker in einer Schüssel vermengen und mit Salz und Sojasauce würzen. Die Schwarzbrotmasse gleichmäßig auf den Braten auftragen und vorsichtig andrücken. Das Fleisch mit Sud begießen und nochmals eine $^3/_4$ Stunde im offenen Bräter braten. Den Braten aus dem Bräter nehmen und warm stellen.

5 Den Sud in einen Topf geben, falls nötig, mit Wasser auf $^1/_2$ l auffüllen und abschmecken. Das Mehl mit Wasser glatt rühren. Den Sud aufkochen und mit Mehl andicken. Johannisbeergelee unterrühren, die Sauce durch ein Sieb streichen und warm stellen. Den Braten tranchieren und auf einer Fleischplatte anrichten.

Für 4 Personen

Zubereitungszeit: 2 Stunden 30 Minuten, Marinierzeit 3 – 4 Tage

Pro Portion: 1664 kcal, 86 g Eiweiß, 143 g Fett, 6 g Kohlenhydrate

Wildschweinbraten mit Kräutern

- 2 kg Wildschweinrücken oder -keule
- 3 Zweige Thymian
- 3 Zweige Petersilie
- 3 Zweige Basilikum
- 3 Zweige Estragon
- 3 Zweige Salbei
- 3 Zweige Rosmarin
- 5 Wacholderbeeren
- 100 g Butter
- 100 g Sahne
- 20 – 30 g Mehl

1. Das Fleisch 3 – 4 Tage vor dem Verzehr vom Schlachter mit Salzlauge spritzen lassen und zu Hause in den Kühlschrank stellen.
2. Die Kräuter waschen und trocken tupfen. Die Wacholderbeeren zerdrücken. Die Butter in einem Topf erhitzen. Das Fleisch in einen Bräter geben und mit der heißen Butter übergießen. Die Kräuter auf und um das Fleisch legen und die Wacholderbeeren dazugeben.
3. Den Backofen auf 190 °C (Umluft 160 °C, Gas Stufe 2) vorheizen und das Fleisch 2 Stunden braten. Während der Bratzeit wiederholt mit Wasser, Sud und Sahne übergießen. Sobald der Braten braun ist, den Bräter mit einem Deckel verschließen und den Braten weiterschmoren lassen. Den fertigen Braten aus dem Bräter nehmen und warm stellen.
4. Den Sud in einen Topf füllen, wenn erforderlich, mit Wasser zu 1/2 l auffüllen und abschmecken. Den Sud aufkochen, mit in Wasser angerührtem Mehl andicken, durch ein Haarsieb in eine Sauciere streichen und warm stellen.
5. Das Fleisch tranchieren und auf einer Fleischplatte anrichten.

Beilage: alle Arten von Kartoffeln, Klöße, Salate

tipp

Besonders würzig wird das Fleisch, wenn man es vor der Zubereitung »trocken« beizt (Salzlauge dann weglassen). Dazu das Fleisch mit den grob zerkleinerten Kräutern und zerstoßenem Pfeffer einreiben und mit neutralem Öl bestreichen. Das Fleisch mit Frischhaltefolie abdecken und 1–2 Tage in den Kühlschrank stellen.

Alphabetisches Rezeptverzeichnis

Willkommen zu Hause

ISBN 978-3-8094-2567-0

ISBN 978-3-8094-2566-3

Impressum

Umschlaggestaltung: Atelier Versen, Bad Aibling
Layout: Studio Schübel Werbeagentur GmbH, München
Bildredaktion: Elisabeth Franz, Sabine Kestler
Rezeptfotos: Karl Newedel, München
außer: Mosaik Verlag 14, 16, 18, 19 (Archiv); 30, 31, 39, 65, 67, 69, 75, 89, 93, 101, 105, 107, 109, 113, 132, 133, 233 (Brauner); 37, 48, 49, 119, 144, 145, 164, 204, 211, 226, 227, 242, 244, 245 (Eising); 29, 33, 115, 176, 177 (Feuz); 45, 63, 71, 72, 87, 94, 95, 99, 121, 128, 141, 142, 185, 187, 222, 223, 238, 239 (Goldmann); 169, 171,173, 193, 218, 219, 240, 241 (Kerth); 83 (Pudenz); 154, 155, 160, 161, 182, 183, 189, 190, 191, 206, 207, 216, 217, 231, 250, 251 (Teubner); Südwest Verlag 253 (Feiler)

Redaktion: Anja Halveland
Herstellung: Elke Cramer

Satz: Filmsatz Schröter, München · Nadine Thiel | kreativsatz
Reproduktion: Artilitho, Lavis (Trento)
Druck: Mohn Media Mohndruck GmbH, Gütersloh

Printed in Germany

FSC
Mix
Produktgruppe aus vorbildlich bewirtschafteten Wäldern und anderen kontrollierten Herkünften
Zert.-Nr. SGS-COC-1425
www.fsc.org
© 1996 Forest Stewardship Council

Verlagsgruppe Random House FSC-DEU-0100
Das für diesen Titel verwendete FSC-zertifizierte Papier *Profimatt* wurde produziert von Sappi Ehingen und geliefert durch die IGEPA.

817 2635 4453 6271